Jürgen Höller

Jenseits der Grenzen

10 Gesetze
für ein
erfolgreiches Leben

IN LINE VERLAG

Lektorat: H. Dieter Wirtz, Mönchengladbach
Gestaltung und Herstellung: Hans Winkens, Wegberg
Gesetzt aus der Stone
Druck und Verarbeitung: Ebner Ulm
Printed in Germany
ISBN 3-934213-29-4

Inhaltsverzeichnis

Einleitung 7

KAPITEL 1
Gesetz von Ursache und Wirkung 13

KAPITEL 2
Gesetz des Glaubens 23

KAPITEL 3
Gesetz vom Pferd 33

KAPITEL 4
Gesetz der Konzentration 39

KAPITEL 5
Gesetz der Weiterentwicklung 45

KAPITEL 6
Gesetz der Ausdauer 59

KAPITEL 7
Gesetz des Willens 69

KAPITEL 8
Gesetz der Evolution 77

KAPITEL 9
Gesetz der Freude 81

KAPITEL 10
Gesetz der richtigen Zielsetzung 91

Schlußwort 99

ANHANG

Wie geht es mit Jürgen Höller weiter? 101

Jürgen Höllers Steckbrief 104

Meine Diamanten 106

Meine Handlungen 107

Literaturnachweis 108

Einleitung

Liebe(r) Leser(in),

mit diesem Buch möchte ich Sie einladen, sich mit den Gesetzen des Erfolgs einmal etwas näher zu beschäftigen. Hierbei gibt es zwei Möglichkeiten:

- Sie haben sich bereits in der Vergangenheit mit dieser Thematik ausführlich beschäftigt. Dann hilft Ihnen dieses Buch, Ihr vorhandenes Wissen zu vertiefen, Bekanntes aufzufrischen und so manchen neuen Aspekt kennenzulernen.
- Ihnen ist diese Thematik noch fremd. Dann stellt dieses Buch eine hervorragende Möglichkeit für Sie dar, in die Erfolgssystematik einzusteigen.

Durch *Jenseits der Grenzen* erfahren Sie zum einen einige der wichtigsten Erfolgsgesetze, und zum zweiten lernen Sie meine eigene Lebensgeschichte kennen. Immer wieder wurde ich in den letzten Jahren danach gefragt. Viele Menschen interessiert es einfach, wie ich das Wissen, das ich vermittele, erhalten habe. Kurz und gut: Sie würden gerne mehr über den »Menschen« Jürgen Höller wissen.
Sollten Sie sich bisher mit Erfolgsgesetzen noch nicht beschäftigt haben und Skepsis und Zweifel besitzen, so ist

das vollkommen in Ordnung. Wenn Sie in allen Bereichen Ihres täglichen Lebens keine Zweifel mehr hätten, dann könnte Ihnen ja jeder alles verkaufen. Deshalb ist es für Sie (lebens)wichtig, eine gesunde Skepsis an den Tag zu legen. Und ebenso wichtig ist es, gleichzeitig offen und flexibel zu sein, um neues Wissen aufnehmen zu können. Vieles von dem, was Sie heute kennen und für Sie ganz normal ist, war vor einigen Jahren, genauer zu dem Zeitpunkt, als Sie es kennenlernten, vielleicht ebenfalls neu und ungewöhnlich für Sie.

Des weiteren werde ich ab sofort in diesem Buch das unpersönliche »Sie« durch ein persönliches »Du« ersetzen. Dieses Buch soll für Dich sein, soll Dir weiterhelfen. Dabei ist die Du-Form intensiver und tiefwirkender als die Ansprache per »Sie«. Ich hoffe, Du bist damit einverstanden. Ansonsten haben Sie die Möglichkeit, stets dann, wenn ein »Du« auftaucht (und Sie diese Anrede partout nicht mögen), dieses Wort für Sie persönlich durch ein »Sie« zu ersetzen …

Es kann durchaus passieren, daß Du beim Lesen dieses Buches das *Scheibenwischer-Syndrom* (auch *Klick-Klack-Syndrom*) bekommst. Bei Dingen nämlich, die Du bereits kennst, wird Dein Unterbewußtsein Zustimmung signalisieren *(Klick)*: »Das kenne ich!« oder: »Da hat er recht!« oder: »Das ist wirklich so.« Bei Dingen, die neu für Dich sind, wird Dein Unterbewußtsein jedoch – aufgrund der alten Programmierungen, die bei Dir vorhanden sind – Ablehnung signalisieren *(Klack)*: »Das kenne ich gar nicht!« oder: »Das kann nicht funktionieren!« oder: »Das habe ich ja noch nie so gehört (erlebt, erfahren usw.)!« oder: »Das stimmt nicht!« Das sollte Dich nicht weiter irritieren, denn ich bin mir sicher, daß das *Scheibenwischer-Syndrom* im Laufe des Buches verschwinden wird.

Außerdem sind die »Klacks« sehr wichtig für Dich, denn dann liest Du gerade ja etwas Neues.
Womöglich hast Du dieses Buch von einem sehr guten Freund geschenkt bekommen. Solch ein Buch wie das vorliegende kauft man sich in der Regel nicht für sich selbst, sondern es wird meist von »Erstlesern« an Menschen verschenkt, die ihnen sehr viel bedeuten. Wenn Dir das vorliegende Buch gut gefällt, wenn es Dein Leben (beruflich oder privat) bereichert, dann möchte ich Dich bereits an dieser Stelle bitten, es weiterzugeben, um möglichst viele Menschen mit diesem so eminent wichtigen Wissen zu versorgen. Die anderen wichtigen Dinge hat man ja schon in der Schule gelernt, etwa wie viele Kilometer Länge der Nil hat, wie viele Einwohner Kanada zählt, wie viele Quadratkilometer Venezuela aufweist.
Die wirklich wichtigen Dinge jedoch, nämlich die, welche unser (zukünftiges) Leben entscheidend beeinflussen können – diese Dinge erhalten wir nicht vermittelt. Dabei ist es für uns eminent wichtig zu wissen, wie …

- wir uns selbst motivieren.
- wie wir andere Menschen motivieren können.
- wir lernen, besser zu reden.
- wir besser verkaufen können.
- wir die (uns vermittelten) Gesetze des Erfolgs auch am besten umsetzen.

All das lernen wir komischerweise nicht! Doch was nicht ist, kann ja noch werden … Jedenfalls hindert uns niemand daran, ständig etwas dazuzulernen.
Nun lade ich Dich ein, dieses Buch durchzuarbeiten. Halte dabei bitte einen Kugelschreiber und einige farbige Textmarker bereit. Stets dann, wenn Dir ein besonderer

Satz auffällt, den Du Dir merken möchtest, der eine Erkenntnis für Dich bedeutet, der Dir also wichtig erscheint, solltest Du ihn mit dem Kugelschreiber unterstreichen und ihn mit einem Textmarker farbig unterlegen. Auch solltest Du all Deine Gedanken in das Buch hineinschreiben. Auf diese Weise verankert sich das gerade erworbene Wissen schneller und besser in Deinem Unterbewußtsein.
Des weiteren möchte ich Dich bitten, zunächst einmal ganz nach hinten zu blättern, also an das Ende des Buches. Dort findest Du zwei Formblätter:

- das *Diamantenblatt* auf Seite 106 und
- die *Handlungsabsichtsliste* auf Seite 107

Auf das *Diamantenblatt* (»Meine Diamanten«) solltest Du Dir in Kurzform all jene Gedanken aufschreiben, die Du für Dich als besonders wichtig erachtest, etwa solche, die mit einer wesentlichen Erkenntnis, welche Du beim Durcharbeiten des vorliegenden Buches machst, in Zusammenhang stehen.
Bei der *Handlungsabsichtsliste* (»Meine Handlungen«) läßt Du bitte die ersten drei numerierten Zeilen frei. Stets dann, wenn Du der Meinung bist, eine besondere Handlungsabsicht, einen Vorsatz oder ein Ziel fassen zu müssen, solltest Du das Betreffende ***sofort*** in diese Handlungsliste schreiben, und zwar ab der vierten Zeile. Wenn Du dann mit dem Buch durch bist, bitte ich Dich, aus allen Handlungsabsichten die drei auszuwählen, die ***für Dich die wichtigsten*** sind. Diese schreibst Du dann bitte, geordnet in der Reihenfolge der Wertigkeit, die Du ***für Dich*** festlegst, in die ersten drei Zeilen. Schreibe Dir auch bei jeder Deiner Handlungsabsichten bitte unbedingt zu-

sätzlich auf, ***wann*** Du mit der Umsetzung dieser Handlungsabsicht ***beginnen*** und ***wann*** Du sie ***umgesetzt*** haben willst.

»Gewinnen« kommt von »Beginnen«!

JÜRGEN HÖLLER

Nachdem Du dieses Buch zu Ende gelesen hast, möchte ich Dich darum bitten – vor allem in Deinem Interesse –, ***zuerst*** die drei wichtigsten Handlungen umzusetzen. ***Beginne damit innerhalb von zweiundsiebzig Stunden!***
Die Zweiundsiebzig-Stunden-Regel besagt: Du mußt bei allem, was Du umsetzen willst, (also Ideen, Pläne, Problemlösungen, Vorsätze und Ziele), innerhalb von zweiundsiebzig Stunden ins Handeln gekommen sein – oder Du wirst nie mehr handeln! Untersuchungen in den USA haben nämlich folgendes ergeben: Die Chancen stehen bei eins zu neunundneunzig, eine Idee überhaupt jemals umzusetzen, wenn Du nicht in den ersten zweiundsiebzig Stunden ins Handeln gekommen bist, nachdem Du diese Idee hattest!
Das soll es an Tips und einführenden Worten zunächst einmal gewesen sein. Nun wünsche ich Dir nicht nur viel Spaß, sondern vor allem eines: Daß Du Deine Ideen und Vorsätze, die aus der Arbeit mit diesem Buch entstanden sind, auch ***wirklich*** umsetzt!

Jetzt ist die beste Zeit!

JÜRGEN HÖLLER

KAPITEL 1

Gesetz von Ursache und Wirkung

Es ist schon wirklich unglaublich: Da stehe ich nun hinter diesem riesigen Bühnenaufbau, lausche der Eröffnungsmusik und werde gleich auf die Bühne laufen, um weit über zehntausend Menschen zu erzählen, wie sie mehr Erfolg, mehr Glück und mehr Zufriedenheit in ihr Leben bringen können. Noch am Tag zuvor habe ich 150 Kilometer entfernt bei einem anderen Unternehmen referiert und bin anschließend mit dem firmeneigenen Flieger zum nächst gelegenen Flugplatz gebracht worden.

Es ist im wahrsten Sinne des Wortes »ver-rückt«: 95 Prozent aller Menschen haben keinen Erfolg und sind mit ihrem Leben unzufrieden. Diese 95 Prozent nennt man »die Masse«. Das, was die Masse denkt, hat, tut, das ist – natürlich nur in den Augen der Masse – »norm-al«. Wenn Du das tust, was die Masse tut, bist Du dementsprechend normal – bleibst aber genauso erfolglos wie die anderen, die zu den 95 Prozent zählen! Um erfolgreich zu sein, ***mußt Du also irgend etwas anders machen,*** ungewöhnlich sein, mußt Du einfach ***anders als die Norm*** sein. Und damit bist Du in den Augen der Masse automatisch ***»ver-rückt«***! Was ja auch stimmt, denn Du bist ***»ver-rückt«*** von dem, was die Masse tut.

Demzufolge ist es für mich immer ein Kompliment, wenn mich Menschen als »Spinner« oder »Verrückten«

bezeichnen. Denn das Schlimmste, was mir passieren könnte, wäre, ***normal*** zu sein – und erfolglos! Ich, Jürgen Höller, habe es also geschafft, mit erst fünfunddreißig Jahren an der Spitze meiner Branche zu stehen. Alleine in diesem Jahr schule ich circa 150.000 Menschen. Ich schule -zig Tausende von Unternehmern, Führungskräften, aber auch Sportler, Politiker und Künstler. Unter anderem schulte ich alle hundertfünfzig deutschen Olympia-Bundestrainer mit Blickrichtung auf die Olympischen Spiele Sidney 2000 sowie, im Jahre 1988, unter Griechenlands Sonne den »Club der Besten«, das heißt die hundert besten deutschen Sportler des Jahres 1998, die alle entweder Olympiasieger oder Welt- oder Europameister, zumindest jedoch den zweiten Platz bei dem wichtigsten Ereignis errungen hatten, das in ihrer jeweiligen Sportart stattgefunden hat. Zahlreiche Olympiasieger, Welt-, Europa- und Deutsche Meister lassen sich von mir persönlich coachen, so die 400-Meter-Weltmeisterin Grit Breuer. Und ich motiviere Christoph Daum und Bayer 04 Leverkusen genauso wie Nationalmannschaften.

Zu meinen Firmenkunden zählen so bekannte Firmen wie Compaq, Debis, Deutsche Telekom, IBM, Lancaster und McDonald's. Pro Jahr bin ich etwa vierhundertmal in Presse, Rundfunk und Fernsehen vertreten bzw. wird dort über mich berichtet, und obwohl ich mittlerweile nicht nur einer der bekanntesten und erfolgreichsten Motivationstrainer, sondern darüber hinaus wahrscheinlich auch der teuerste bin, bin ich so gut wie ein Jahr im voraus ausgebucht.

Wenn ich Dir all diese Dinge erzähle, dann nicht in erster Linie, um anzugeben (okay, ich geb's zu, ein wenig schon ...), sondern weil ich Dir vor allem aufzeigen möchte, daß jeder Mensch für sein Leben selbst verantwortlich ist und daß jeder ***das*** aus seinem Leben machen kann, was er sich ***vorstellt*** – unabhängig von Herkunft, Erziehung, Ausbildung und sonstigen Umständen.

1985 befand ich mich in der größten Krise meines Lebens. Mein privater Schuldenberg hatte die Millionengrenze überschritten, meine Gesundheit war ruiniert, meine Beziehung zerbrach schließlich, und Freunde hatte ich auch keine mehr – denn ich hatte ja nie Zeit für sie gehabt! Jedenfalls schien damals mein ganzes Leben in Schutt und Asche aufzugehen; ich war vollkommen am Boden zerstört. So brachte ich es beispielsweise fertig, einmal acht Wochen lang keine Post mehr zu öffnen, sondern sie einfach verschlossen in die Schublade zu legen – ich wußte ja genau, daß nur Rechnungen und Mahnungen, Mahnbescheide und sonstige negative Mitteilungen ins Haus geflattert waren. Eines Tages war es dann soweit: Der Gerichtsvollzieher stand vor der Tür, und ich hatte das Gefühl, dies sei nun das absolute Ende. Im Laufe der Zeit wurde der Gerichtsvollzieher einer meiner besten Bekannten (mit dem ich auch regelmäßig ein Täßchen Kaffee trank ...). Da es bei mir nichts mehr zu holen gab, waren es immer recht freundliche Gespräche, die in durchaus angenehmer Atmosphäre stattfanden ...

Doch meine Situation war alles andere als angenehm. In dieser schlimmsten Phase meines Lebens kam auch einmal bei mir der Gedanken hoch, all dem ein Ende zu setzen, denn ich hatte einfach keine Energie mehr, um so weiterzuleben. Mir ging es finanziell so schlecht, daß ich an manchen Tagen nicht einmal mehr genügend Geld hatte, um Benzin in den Tank meines Wagens zu füllen, damit ich die rund 50 Kilometer zu meinem Geschäft (eines von ehemals vieren besaß ich damals noch) zurücklegen konnte. Dann erzählte ich meiner Mutter irgendeine Story (»Liebe Mutti, kannst du mir mal fünfzig Mark leihen? Ich habe meinen Geldbeutel im Geschäft vergessen ...«) und wußte nicht einmal, wie ich das jemals zurückzahlen sollte. Und dennoch nahm ich in dieser schwierigen Zeit einen Impuls auf, der alles in meinem Leben verändern sollte ...

Eines Tages lief ich durch die Innenstadt meines Heimatortes, und wie zufällig fiel dabei mein Blick auf das Schaufenster einer Buchhandlung. Die gesamte Dekoration des Fensters stand unter dem Motto »Erfolg und Lebenshilfe«, und dementsprechend waren auch verschiedenste Bücher aus diesen Bereichen ausgelegt. Ich weiß noch genau, wie ich für mich dachte: ›So ein Mist, was wollen die mir schon erzählen, wie ich erfolgreich sein kann? Die sitzen wahrscheinlich in Amerika in ihren Millionenvillen und geben in ihren blöden Büchern nur schlaue Sprüche ab.‹ Ich lief jedenfalls weiter, aber irgend etwas zog mich magisch zurück. Schließlich kaufte ich, auch wenn ich es eigentlich gar nicht konnte, sozusagen mit meinem letzten Geld, eines dieser Bücher. Immer noch voller Zweifel, außerdem am Anfang widerwillig, las ich das Buch ... in einem Rutsch durch. Obwohl nicht restlos überzeugt, hatte sich doch ein Samenkorn in meinem Unterbewußtsein eingenistet: Ich begann meine Umwelt anders zu sehen.

Zuvor hatte ich alles und jeden für meine Probleme verantwortlich gemacht: Die Mitarbeiter waren schuld, denn die wollten ja nur auf meine Kosten leichtes Geld verdienen; die Kunden waren schuld, denn die verstanden es nun mal nicht, was ich für außergewöhnliche Produkte anbot; der Ort, in dem sich mein Geschäft befand,

war schuld, denn hier handelte es sich nur um eine Kleinstadt. Außerdem gab es ja noch die falsche Zeit, die falsche Politik und so weiter ... und so weiter ...
Durch dieses Buch veränderte sich jedoch meine Einstellung grundlegend. Ich begriff, daß ***ich selbst verantwortlich*** war für meinen Zustand. Und ich begann, meine Mitmenschen anders zu sehen und völlig anders zu behandeln. Schon nach kurzer Zeit (nach einer Phase der Skepsis) begannen sich auch meine Mitarbeiter anders zu verhalten. Sie setzten sich mehr ein, übernahmen mehr Verantwortung, ja, sie waren sogar bereit, über die von mir geforderte Leistung hinaus Einsatz zu bringen. Insgesamt wurde der Einsatz aller größer ... und somit vergrößerte sich, vergleichbar einem Naturgesetz, auch der Erfolg.
Ermutigt durch dieses Erfolgserlebnis, setzte ich noch einige Vorstellungen um, indem ich hier und dort etwas veränderte – und ich bekam noch mehr Erfolg. Ich las das nächste Buch und noch eines und noch eines, besuchte das erste Seminar, dann das zweite ... und dieser Prozeß des Weiterlernens dauert bis auf den heutigen Tag an (und wird auch weiterhin andauern).

Bevor Du nun weiterliest, möchte ich Dich bitten, die folgenden Aufgaben auszuführen ...

AUFGABE 1:

Beantworte Dir einmal, ob es derzeit irgend etwas gibt, das Du für bestimmte negative Dinge in Deinem Leben verantwortlich machst.

○ Ja ○ Nein

AUFGABE 2:

Bitte schreibe einmal auf, wer oder was oder welche Umstände Deiner Meinung nach für jene negativen Dinge verantwortlich sind (Chef, Kollegen, Mitarbeiter, Partner, Kinder, Freunde, die Politik, die Konkurrenz, der unmenschliche Druck, dem wir ausgesetzt sind, die ungünstige Zeit, in der wir leben, usw.):

AUFGABE 3:

Könnte es sein, daß Du – genauso wie ich damals – diese Umstände nur als Ausrede benutzt, um für gewisse negative Situationen in Deinem Leben nicht selbst verantwortlich sein zu müssen?

____

____

____

____

____

____

____

____

____

____

Die Antwort für den ganzen Erfolg wie für den ganzen Mißerfolg, den Du jeweils hast, ist die »Selbst-ver***antwort***ung«. In der ***Selbstverantwortung*** findest Du jede ***Antwort*** für Erfolg wie für Mißerfolg. Ein Mensch nämlich, der Selbstverantwortung für sein Leben ablehnt, ist immer abhängig von den Umständen, abhängig von anderen Menschen. Solch ein Mensch gleicht einem Blatt im Wind: Der Wind entscheidet, wohin das Blatt geweht wird. Ein solcher Mensch glaubt an Glück oder Pech, an Zufall oder Schicksal. Ich aber glaube nicht mehr an diese Dinge, sondern bin überzeugt davon, daß jeder

Mensch ***das*** erhält, was er vorher ***verursacht*** hat. Alles, was Du verursachst, wird sich – mit einer zeitlichen Verzögerung – als Wirkung manifestieren. *Klack*. Ich weiß, daß bei dieser Aussage bei so einigen Menschen das *Scheibenwischer-Syndrom* einsetzt, indem sie sich denken: So einfach kann man sich die Dinge nun auch nicht machen!

Du bist verantwortlich für das,
was Du tust,
aber auch für das, was Du nicht tust.

JÜRGEN HÖLLER

Doch, man kann – auch wenn die Umstände auf den ersten Blick einfachen Wahrheiten wenig Raum geben. So argumentierte beispielsweise vor einiger Zeit ein Seminarteilnehmer, daß er – nachdem seine Firma in Konkurs gegangen war – nichts dafür konnte, arbeitslos zu werden. Ich fragte ihn, ob denn nicht schon seit geraumer Zeit Gerüchte in der Firma aufgetaucht wären oder ob man vielleicht sogar davon gewußt hätte, daß die Firma in Schwierigkeiten sei. Er bejahte diese Frage, indem er sagte, daß es tatsächlich schon Wochen zuvor diesbezüglich Gerüchte gegeben hätte; außerdem wären einige Anzeichen für die schwierige Lage der Firma (starke Kosteneinsparungen, hohe Anspannung bei den Führungskräften) schon zu bemerken gewesen. Dann, entgegnete ich, hätte er eine neue Ursache setzen können, indem er seine Arbeitskraft in eine Firma hätte einbringen können, die nicht in solchen Schwierigkeiten gewesen sei.

Wir sind für alles, was passiert, verantwortlich. Oft höre ich den Einwand, daß man beispielsweise eine Krankheit doch nicht selbst verursache. Mittlerweile sagt uns jedoch sogar die Schulmedizin, daß mindestens 80 Prozent aller Krankheiten psychosomatischen Ursprungs sind ... und für psychosomatische Ursachen bist Du selbst verantwortlich – und nicht die anderen! Wenn Du beispielsweise von Deinem Chef stark unter Druck gesetzt wirst und auf diese Weise vielleicht Dein Körper rebelliert, schließlich streikt (indem Du erkrankst), dann bist Du es, der für seine Krankheit verantwortlich ist. Letztendlich warst Du es ja, der sich diese Firma ausgewählt hat!

Auch mir ging es ja seinerzeit, in der größten Krise meines Lebens, gesundheitlich nicht besonders berauschend. Wahrscheinlich möchtest Du nun wissen, wie denn meine Geschichte weitergegangen ist. Wie ich es vor allem geschafft habe, innerhalb weniger Jahre vom völligen Tiefpunkt meines Lebens an die Spitze zu kommen. Doch der Reihe nach ...

> Wer das macht, was alle machen,
> der wird auch das bekommen, was alle bekommen:
> Wenig oder nichts!
>
> JÜRGEN HÖLLER

KAPITEL 2

Gesetz des Glaubens

Als ich fünf Jahre alt war, faßten meine Eltern einen Entschluß, der mein ganzes weiteres Leben wesentlich beeinflussen sollte. Aufgrund meiner fortgeschrittenen Entwicklung in diesem Alter ließen sie mich bereits mit fünf anstatt mit sechs Jahren einschulen. Dieser Entscheidung gingen natürlich einige psychologische Tests voraus (die ich auch problemlos absolvierte). Als ich dann jedoch in der Schule war, stellte ich sehr bald fest, daß ich geistig zwar weit fortgeschritten, daß ich aber aufgrund meines geringeren Alters körperlich immer einer der »Schwächeren« in meiner Klasse war. Wenn beispielsweise beim Turnunterricht zwei Fußballmannschaften gewählt wurden, blieb ich als einer der letzten übrig; und wenn es in der Pause darum ging, ein sportliches Wettspiel zu veranstalten – ich war derjenige, der bei den letzten war. Um meine körperliche »Schwäche« zu kompensieren, entwickelte ich daher recht schnell zwei »Stärken«: zum einen, meine vorhandenen verbalen Möglichkeiten »auszubauen« und so an Bedeutung zu gewinnen; zum anderen die Fähigkeit, andere für mich und meine Ideen zu begeistern.

Kurz vor meiner Einschulung waren meine Eltern in einen Vorort gezogen, in dem die »besseren Leute« unseres Umkreises wohnten. Im Vergleich zu den meisten dort wohnenden Familien, die Monat für Monat auf ein überdurchschnittliches Einkommen zurückgreifen konnten, machte sich unsere finanzielle Lage relativ bescheiden aus. Das war schon an einigen wenigen Äußerlichkeiten festzumachen: Während die Eltern meiner Schul- und Spielkameraden in der Regel ein eigenes Haus besaßen, lebte ich mit meinem Bruder und meinen Eltern in einer 65 Quadratmeter großen Wohnung zur Miete (schon verrückt, wenn ich daran denke, daß heute unser Badezimmer schon annähernd so groß ist ...); während meine Freunde immer das neueste Spielzeug besaßen, konnte ich mir meine kleinen Träume und Wünsche nur selbst erfüllen, indem ich beispielsweise als Balljunge auf einem nahe gelegenen Tennisplatz arbeitete; und während bei meinen Schul- und Spielkameraden zu Hause alle möglichen »Schmankerln« auf den Tisch kamen, mußte meine Mutter ihr Haushaltsgeld knapp kalkulieren (wobei eine üppige Fleischspeise eine absolute Ausnahme von der Regel war).

In dem Gefühl, der »Schwächste« zu sein, lag sicherlich der Grundstein für meinen späteren Wunsch, mich möglichst schnell selbständig zu machen und erfolgreich zu sein. Ich kann mich noch gut daran erinnern, daß wir Kinder einmal während einer Gartenfeier von den Erwachsenen der Reihe nach gefragt wurden, was wir denn einmal werden wollten. Einer nach dem anderen nannte seinen Wunsch: Lastwagenfahrer, Bankangestellter, Lokomotivführer – ***ich jedoch wollte Millionär werden!*** Daraufhin wurde ich fürchterlich ausgelacht. Meine Reaktion? In dieser Sekunde faßte ich den Entschluß, es allen zu zeigen ... und in dieser Sekunde – das wurde mir erst sehr viel später klar – setzte sich wohl in meinem Unterbewußtsein der unumstößliche Wunsch fest, ***wirklich erfolgreich*** zu sein. Jahre danach war es dann zu einer Erkenntnis geworden: Der brennende Wunsch, der tief und fest verankert ist und immer wieder geistig wiederholt wird, ist die Grundlage allen Erfolgs!

> Alles, was Du glaubst und was Du wirklich willst, wird sich in Deinem Leben manifestieren!
>
> JÜRGEN HÖLLER

Im Alter von neun Jahren las ein Junge das Buch *Von der Erde zum Mond* von Jules Verne. In diesem Science-fiction-Roman beschreibt Jules Verne, wie die Menschen mittels eines riesigen Kanonenrohres, praktisch wie eine Kanonenkugel, zum Mond geschossen werden (eine Geschichte, die unter anderem Grundlage für die Attraktion »Space-Mountain« im Disney Park bei Paris ist).
Der Junge, von dem die Rede ist, absolvierte nach seinem Abitur ein Physikstudium, ehe er 1937 von den Nationalsozialisten zum Technischen Direktor des Raketenwaffenprojekts in Peenemünde berufen wurde. Hier entwickelte er vor allem die erste automatisch gesteuerte Flüssigkeitsrakete der Welt, »A 4« genannt, später als »V 2« jene »Wunderwaffe", auf die Hitler große (und wohl seine letzten) Hoffnungen setzte, nachdem die deutsche Wehrmacht an sämtlichen Fronten zurückweichen mußte. Nach der Kapitulation im Jahre 1945 lockte den jungen Wissenschaftler dann das Land der unbegrenzten Möglichkeiten: Er siedelte in die USA über, nahm die amerikanische Staatsbürgerschaft an und widmete sich auch dort seiner wissenschaftlichen Arbeit, ehe er 1959 Mitarbeiter der *NASA* wurde.

Anfang der sechziger Jahre wurde ein junger, charismatischer Amerikaner Präsident der Vereinigten Staaten. Kurz nach seinem Amtsantritt sagte er in einer Rede an die Nation unter anderem: »Liebe Landsleute. Ich habe eine Vision: Ich sehe Ende der sechziger Jahre den ersten Amerikaner auf dem Mond spazierengehen!«

Nach dieser Rede suchten die führenden Wissenschaftler der *NASA* jenen jungen Präsidenten auf und erklärten ihm entrüstet, daß das, was er da geäußert habe, unmöglich zu realisieren sei. Zwar könne man eines Tages natürlich auf dem Mond spazierengehen, aber diese Vision sei in dieser kurzen Zeit nicht zu verwirklichen. ***John F. Kennedy,*** so der Name des visionären Präsidenten, hörte sich die Vorbehalte an, nickte und sagte schließlich zu den *NASA*-Wissenschaftlern: »Nun, Sie sind die Experten. Ich habe keine Ahnung davon, also werden Sie recht haben. Aber ich habe ein Problem: Ich sehe nach wie vor den ersten Amerikaner Ende der sechziger Jahre auf dem Mond spazierengehen ...« Kennedy setzte durch seine Vision die Wissenschaftler unter Druck und brachte sie somit in Zugzwang.

Wie die Geschichte ausging, ist allgemein bekannt: 1969 war es soweit. Ich kann mich noch gut erinnern, als wir damals mit unserer Familie vor dem Fernseher saßen (damals noch mit einem Schwarzweiß-Bildschirm; den ersten Farbfernseher gab es erst 1972 anläßlich der Olympischen Spiele in München). Wir Kinder waren ganz aufgeregt, und alle starrten wir gebannt auf das, was wir auf dem Bildschirm sahen: Neil Armstrong setzte als erster Mensch seinen Fuß auf den Mond und sprach jene berühmten Worte: »Das ist ein kleiner Schritt für mich, aber ein großer Schritt für die Menschheit!«

Und jener neunjährige Junge hatte sich seinen Traum erfüllt. Verantwortlich für die Entwicklung großer Trägerraketen (»Saturn«), war er maßgeblich daran beteiligt, daß die Amerikaner den Weltraum eroberten. Sein Name: ***Wernher Freiherr von Braun.***

Das ***Gesetz des Glaubens*** besagt, daß ***alles***, woran Du tief und fest glaubst, sich schließlich verwirklichen wird. Dies erkannte schon vor etlichen von Jahren der wohl berühmteste Automobilkönig, der je gelebt hat …

> Wenn Du glaubst, Du kannst etwas tun,
> dann hast Du recht.
> Wenn Du glaubst, Du kannst etwas nicht,
> dann hast Du ebenfalls recht!
>
> HENRY FORD

AUFGABE 4:

Schreibe Dir einmal, bezogen auf die folgenden Bereiche Deines Lebens, den jeweiligen momentanen Ist-Zustand auf.

a) Beruflich

___

___

___

___

b) Finanzieller Wohlstand

c) Gesundheit

d) Familie

e) Soziale Kontakte

AUFGABE 5:

Bist Du mit diesen Ist-Zuständen zufrieden? Oder möchtest Du gerne etwas zum Besseren verändern?

AUFGABE 6:

Glaubst Du, daß Du diese Veränderungen ermöglichen kannst, daß Du »es« schaffen kannst?

Laß Dich bei all Deinem Tun nicht durch die negativen Meinungen anderer von Deinem Ziel abbringen. Nur weil »Experten« behaupten, etwas sei so und so, muß es noch lange nicht stimmen. Experten haben auch einmal behauptet, Contergan könne problemlos von schwangeren Frauen eingenommen werden – an den Folgen leiden heute noch Tausende und Abertausende von Menschen in aller Welt. Auch wenn die »Masse« etwas behauptet, muß es nicht richtig sein. So lief beispielsweise im Dritten Reich die Masse der Deutschen den Nazis hinterher und hielt deren abstruse Vorstellungen von der Weltordnung für richtig ... die verheerenden Folgen dieser Haltung sind allgemein bekannt.

Wie dem auch sei: Entscheidend ist stets, ob ***Du*** an etwas ***glaubst,*** ob ***Du*** von einer Sache, einer Idee, von einem Vorhaben ***überzeugt bist.***

In diesem Zusammenhang dürfen einige anschauliche Beispiele von »Experten« nicht fehlen ...

»Was soll unsere Gesellschaft schon mit einem elektrischen Spielzeug anfangen?«

DIE FIRMA WESTERN-UNION
als Begründung, warum sie die Telefonrechte in den USA nicht haben wollte, 1878

»Man kann keine Flugmaschinen bauen, die schwerer sind als Luft.«

LORD KELVIN,
Vorsitzender der Königlich Britischen Akademie der Naturwissenschaften,1895

»Alles, was man erfinden kann, ist bereits erfunden worden.«

CHARLES DUELL,
Direktor des US-Patentamts, 1899

»Ich glaube, der Markt wird weltweit fünf Computer benötigen.«

THOMAS WATSON,
Vorsitzender von IBM, 1943

KAPITEL 3

Gesetz vom Pferd

Schon in meiner Kindheits- und Jugendzeit habe ich wirklich alles erreicht, was ich mir fest vornahm. Hatten etwa viele meiner Freunde das neue »Bonanza«-Fahrrad zu Weihnachten geschenkt bekommen, setzte ich mir das Ziel, bald ebenfalls ein solches Fahrrad zu besitzen. Da meine Eltern nicht in der Lage waren, mir solch große Geschenke zu machen (mein Vater war Arbeiter, meine Mutter Hausfrau), fand ich Strategien, um mein jeweiliges Ziel auf anderem Wege zu erreichen …

Eines Tages sah ich einen älteren Jungen aus der Nachbarschaft, wie er für den örtlichen Supermarkt jede Woche die aktuellen Angebote als Wurfsendung in die Briefkästen steckte. Auf meine Frage erfuhr ich von ihm, daß er für jedes Austragen 12,50 Mark erhielt und daß er fünfmal pro Monat diese Wurfsendungen verteilte. Das machte 62,50 Mark – in den siebziger Jahren eine Menge Geld für einen Jungen meines Alters.

Ich ging also zu dem Geschäftsführer des Supermarktes und bewarb mich um die Stelle. Leider konnte er mir sie nicht geben, da er mit dem Nachbarjungen und einem weiteren Jungen, der die zweite Hälfte des Ortes belieferte, sehr zufrieden war. Doch immer wieder hakte ich nach, und schließlich, ein Jahr nach meiner ersten Anfrage, rief der Geschäftsführer des Supermarktes bei uns zu Hause an und teilte mir mit, daß einer der beiden Jun-

gen mit seiner Familie weggezogen sei und er sich nun an mich erinnere.
Von nun an trug ich jede Woche drei Stunden lang diese Wurfsendungen aus. Im Sommer, bei 35 Grad Hitze, holte ich mir so manchen Sonnenbrand, wohingegen mir im Winter bei minus 20 Grad fast die Finger abfroren. Da ich bei dieser Arbeit keine Handschuhe tragen konnte, wärmte ich mich alle zwanzig Minuten durch heißen Tee auf, den ich in dieser Zeit mitschleppte. Doch allen Widrigkeiten zum Trotz erledigte ich diese Aufgabe.
Dadurch erfüllte ich mir die wirklich wichtigen Wünsche bereits in meiner Kindheits- und Jugendzeit. Wenn ich solch einen wirklich wichtigen Wunsch hegte, so setzte ich mir dessen Umsetzung zum Ziel, fand auch zu jedem Ziel die entsprechende Strategie, um das Ziel schließlich auch zu erreichen.

> Bei einem Ziel ist es enorm wichtig,
> hierfür die richtige Strategie zu finden und
> sie konsequent umzusetzen,
> damit das Ziel auch erreicht wird!
>
> JÜRGEN HÖLLER

Hast Du schon einmal etwas vom *Käsekuchen-Prinzip* gehört? Dahinter steckt folgende Geschichte: Eines Tages bekommt jemand ein Rezept für einen Käsekuchen nach »Oma's Art«. Er backt diesen Käsekuchen und serviert ihn am Sonntag seiner Familie zum Nachmittagskaffee. Alle Familienmitglieder sitzen erwartungsvoll gegen

15.30 Uhr am Kaffeetisch. Jeder hat eine Tasse frisch gebrühten, aromatisch duftenden Kaffees vor sich und ein Stück Kuchen auf seinem Teller, nimmt seine Gabel, teilt damit einen Bissen vom Kuchen ab und führt ihn zu seinem Mund. Alle Familienmitglieder kauen gleichzeitig – und verziehen gleichzeitig das Gesicht: Der Käsekuchen schmeckt furchtbar! Wenn dieser Mensch nun vier Wochen später den ***gleichen*** Käsekuchen nach dem ***gleichen*** Rezept wieder backen sollte, dann wird das Ergebnis das ***gleiche*** sein: Der Käsekuchen muß und wird immer noch furchtbar schmecken!

Ich frage mich seit mittlerweile fast fünfzehn Jahren, warum es Menschen gibt, die ein Leben lang einen Käsekuchen nach dem anderen nach dem gleichen Rezept backen und sich wundern, warum er immer »sch…e« schmeckt …

> Wenn Du das tust,
> was Du schon immer getan hast,
> dann wirst Du auch das in Zukunft bleiben,
> was Du heute schon bist.
>
> ALFRED R. STIELAU-PALLAS

Mit dieser Metapher will ich nichts anderes als folgendes verdeutlichen: Wenn Du eine Strategie hast, die erfolglos ist, dann mußt Du Deine Strategie so schnell wie möglich wechseln, wenn Du erfolgreich sein willst. Anders gesagt: Die Vorstellung vom Gipfel muß bleiben, aber der Weg, den Du einschlägst, um diesen Gipfel zu erklimmen – der muß ein anderer sein!

Leider sind die meisten Menschen dazu bereit, alles Mögliche zu veranstalten: Sie sind bereit, ihre Ziele kleiner zu machen, ihre Ziele immer wieder zu wechseln, ja, überhaupt keine Ziele mehr zu haben … aber ihre einmal eingeschlagene Strategie zu wechseln – dazu sind nur die wenigsten bereit! Viele halten krampfhaft an der Strategie fest, die sie einmal für richtig befunden haben. Menschen werden lieber krank, ja, sterben lieber … als von ihrer einmal eingeschlagenen Strategie abzugehen (denke nur einmal an Raucher, an Menschen, die zuviel Alkohol trinken, die sich falsch ernähren, nicht bewegen usw.). Firmen gehen lieber in Konkurs, bevor sie ihre althergebrachten Strategien auch nur ansatzweise einmal überdenken, um sie dann eventuell abzuändern. Menschen leben lieber mit Schulden (anstatt ein Leben in Erfolg und Wohlstand zu führen), bevor sie ihre Strategie auch nur überdenken, um sie dann gegebenenfalls überarbeiten zu können. Dabei gibt es einen unumstößlichen Grundsatz, der Dir stets präsent sein sollte …

> Nichts ändert sich, außer wir ändern uns!
>
> NIKOLAUS B. ENKELMANN

AUFGABE 7:

Gibt es in den fünf wesentlichen Bereichen Deines Lebens (beruflicher, finanzieller, gesundheitlicher, familiärer Bereich, Bereich soziale Kontakte) einen Teilbereich, mit dem Du derzeit nicht zufrieden bist?

AUFGABE 8:

Welche Strategie(n) setzt Du in dem bzw. den betreffenden Bereichen ein?

AUFGABE 9:

Welche Erkenntnis gewinnst Du aus dieser Übung? Was veränderst Du?

____

____

____

____

____

____

Ach ja, Du fragst Dich bestimmt, warum dieses Kapitel die Überschrift »Gesetz vom Pferd« trägt. Hier die Auflösung: Wenn es tot ist, steig ab … Auf Deine Situation bezogen, heißt das für Dich konkret: ***Wenn sich eine Strategie als unbrauchbar erwiesen hat, dann wechsle augenblicklich Deine Strategie!***

> Frage niemals ***ob***, sondern immer,
> ***wie*** Du »es« schaffst!
>
> JÜRGEN HÖLLER

KAPITEL 4

Gesetz der Konzentration

Mit einem großen Sprung nun zurück zu meinem Werdegang. Innerhalb kürzester Zeit verdoppelte sich der Umsatz und verdreifachte sich der Ertrag des Geschäftes, das ich als erstes erworben hatte. Doch nun holte mich meine Vergangenheit ein. Immer wieder meldete sich meine »innere Stimme«, die zu mir suggerierend flüsterte:

- Ob der Erfolg wohl anhält?
- Du bist doch viel zu klein und schwach!
- Pass' mal auf, bald ist der Erfolg wieder weg!
- Warum solltest ausgerechnet du, kleiner Jürgen, erfolgreicher sein als die anderen?

Diese negativen Programme meiner Vergangenheit holten mich förmlich ein. Sie sorgten dafür, daß ich in permanenter Angst lebte. Ständig kreisten meine Gedanken darum, ob ich wohl in der Lage wäre, meinen durchaus ansehnlichen Erfolg auch aufrechtzuerhalten. So eröffnete ich ein zweites Geschäft, ein zweites Standbein, denn auf einem Bein steht es sich ja bekannterweise schlecht. Und obwohl auch das zweite Geschäft sehr erfolgreich anlief, wurde ich meine Ängste nicht los. Also eröffnete ich ein drittes und sogar ein viertes Geschäft. Schließlich war ich Herr über vier Geschäfte in vier völlig unterschiedlichen Branchen. Damit wollte ich meine »innere Stimme« beruhigen. Denn, so dachte ich, wenn eine Branche mal schlechter läuft, dann bin ich halt in den anderen Bereichen erfolgreich. Außerdem: Wenn ich aus jedem der vier Geschäfte nur einen kleinen Gewinn ziehen würde, dann hätte ich insgesamt ein Einkommen, das durchaus als »groß« zu bezeichnen wäre.

> Dein Erfolg ist das Resultat Deiner Gewohnheiten ... Dein Mißerfolg allerdings auch!
>
> JÜRGEN HÖLLER

Damals, Mitte der achtziger Jahre, befand ich mich – ohne daß ich es wußte – in guter Gesellschaft: Zahlreiche deutsche Konzerne ritten auf der Diversifizierungsstrategie. Das »herausragende« Beispiel war dabei sicherlich Edzard Reuter mit seiner Strategie für den Daimler-Benz-Konzern. Daimler-Benz hatte mit Automobilen über Jahrzehnte hin recht große Erfolge erzielt. Nun wurden Firmen eingekauft wie AEG, Fokker, Gemini-Computer und MBB, um nur die wichtigsten zu nennen. Sie wurden zu teuer eingekauft, wie sich recht bald herausstellen sollte: All diese akquirierten Unternehmen schrieben nach kürzester Zeit rote Zahlen, und schließlich, auf dem Höhepunkt der Krise, »erwirtschaftete« der Konzern einen Jahresverlust von fünf Milliarden Mark.
Auch bei mir zahlte sich die Diversifizierung nicht aus. Ich hatte praktisch nie richtig Zeit, mich um meine einzelnen Geschäfte zu kümmern. So konzentrierte ich mich auf jeweils das Geschäft, das gerade die größten

Probleme aufwarf. Eigentlich war ich kein Geschäftsmann, sondern ein »Feuerwehrmann«. Ich löschte dort, wo gerade das Feuer am stärksten loderte. Und so ***agierte*** ich nicht mehr, sondern ***reagierte*** nur noch. Nicht mehr das, was ich plante, bestimmte mein Leben, sondern die Umstände diktierten das Geschehen. Und so schlitterten nach und nach alle Geschäfte in die Verlustzone, so daß ich drei der vier Geschäfte verkaufen und abgeben mußte, um eines gerade eben noch retten zu können.

Das ***Gesetz der Konzentration*** sagt folgendes aus: Alles, worauf man sich konzentriert, gewinnt an Bedeutung; und alles, was man beachtet, beginnt zu wachsen. Auch dieses Gesetz hat wieder zwei Polaritäten, das heißt, das Gesetz funktioniert genauso im Positiven wie im Negativen. Die Konsequenz: Wenn Du Dich auf Deine Fehler und Schwächen konzentrierst, dann werden diese Fehler und Schwächen auch an Bedeutung gewinnen. Und umgekehrt: Wenn Du Dich auf Deine Stärken konzentrierst, werden Deine Stärken immer mehr zunehmen.

Du hast nur eine begrenzte Menge Energie. Diese kannst Du durchaus vergrößern, beispielsweise durch eine gesunde Lebensweise – aber nur bis zu einem gewissen Grade, denn irgendwann hast Du Dein Energiepotential bis zum letzten aufgefüllt. Wenn Du nun diese Energie auf eine einzige Sache konzentrierst, dann wird diese Sache nun einmal stärker wachsen, als wenn Du Dein Energiepotential auf viele Dinge anwendest. Du verzettelst Dich – und Dein Energiepotential wird regelrecht aufgespaltet.

Dieses Gesetz ist eines der Gesetze, das die wenigsten Seminarteilnehmer befolgen und umsetzen. Und selbst diejenigen, die es anfänglich glauben und umsetzen und dadurch erfolgreich sind, mißachten es irgendwann zu einem späteren Zeitpunkt. Dann kommen die Ablenkungen, die Geschäfte, die man »ja noch machen könnte« – und das Ergebnis ist meistens fatal: Der Erfolg bleibt aus! Das ist wie mit dem Papier und der Sonne: Wenn Du ein Blatt Papier für dreißig Minuten in die Sonne legst, passiert relativ wenig; es vergilbt etwas, wellt sich ein bißchen, und es ist einigermaßen warm. Aber insgesamt gesehen ist es immer noch ein Blatt Papier. Wenn Du jedoch jetzt ein Brennglas nimmst und die Energie der Sonne auf ***einen*** Punkt konzentrierst, fängt das Blatt Papier in kürzester Zeit an zu brennen! Die Energie der Sonne ist immer gleich. Sie wird auch nicht größer, wenn Du ein Brennglas verwendest. Aber die vorhandene Energie, wird auf einen Punkt gebündelt!

DER WICHTIGSTE MERKSATZ
DER KONZENTRATION:

Die Wirkung wird um so stärker,
je mehr Energie man auf ***einen*** Punkt,
auf ***eine*** Sache bündelt!

Auch ich muß immer wieder damit kämpfen, daß ich mich nicht verzettele, daß ich mich nicht mit unwichtigen Dingen beschäftige, daß ich nicht einer Ablenkung nachgebe, mag sie auch noch so verlockend erscheinen. Aber ich habe gelernt, ja lernen müssen: Das Gesetz der Konzentration existiert tatsächlich! Und deshalb konzentriere ich mich immer wieder auf das Wichtige, setze ich mein Energiepotential jeweils bei meinen ***wenigen Hauptzielen*** ein!

AUFGABE 10:

Was sind Deine drei Hauptaufgaben, Deine Hauptziele?

1. ______________________________

____

____

2. ______________________________

____

____

3. ______________________________

____

____

AUFGABE 11:

Was könntest Du tun, um Dich in Zukunft noch mehr zu konzentrieren?

____

____

____

____

____

____

AUFGABE 12:

Was könntest Du abgeben, aufgeben, delegieren, um Dich noch mehr konzentrieren zu können?

____

____

____

____

____

____

Höre auf nach-zudenken,
und beginne vor-zudenken!

JÜRGEN HÖLLER

KAPITEL 5

Gesetz der Weiterentwicklung

Zurück zu meinem Werdegang, genauer zu der schwierigsten Zeit meines Lebens, zu der größten Krise, die ich bisher erlebt habe. Als mein finanzieller Engpaß immer bedrohlicher wurde, machte auf einmal auch mein Körper nicht mehr so mit, wie ich es von ihm gewohnt war – jedenfalls wurde meine Gesundheit arg in Mitleidenschaft gezogen. Ich bekam zunächst mit dem Magen Probleme, dann auch mit dem Rücken, und eines Tages mußte ich sogar für drei Wochen ins Krankenhaus, wurde dort mit Betäubungsmitteln »versorgt«, so daß ich bewegungslos in meinem Bett liegen mußte. Schließlich zerbrach meine Beziehung, und Freunde, die mir hätten helfen können, hatte ich zu dem damaligen Zeitpunkt auch keine mehr.

Diese Zeit war eine sehr, sehr schwierige Zeit, und ich wußte nicht mehr ein noch aus. Über eine Million Mark privater Schulden bedeuteten einen so hohen Kapitaldienst an Zins und Tilgung, daß meine Schulden immer mehr anwuchsen. Das eine Geschäft, das ich noch hatte retten können, war nicht in der Lage, den zusätzlichen privaten Kapitaldienst in dieser Höhe zu erbringen. Eines Tages stand der Gerichtsvollzieher vor der Tür, und ich dachte wirklich, es sei alles aus. Mein Minderwertigkeitskomplex kam wieder hoch, und ich fragte mich damals, was wohl »die anderen sagen werden«, wenn ich pleite ginge. Ich war emotional so am Boden, daß mir eines Tages sogar der Gedanke kam, all dem ein Ende zu machen (was ich Gott sei Dank wieder verwarf).

> Und wenn ich nicht mehr kann,
> dann ***muß*** ich eben!
>
> BODO SCHÄFER

In jener Zeit beschloß ich, meine Probleme beim Schopf zu packen. Ich berief alle Hauptgläubiger und Banken zu einem gemeinsamen Termin zusammen, schenkte ihnen reinen Wein ein und teilte ihnen mit, daß ich mit den derzeitigen Belastungen des Schuldendienstes mein Geschäft einfach nicht mehr weiterführen konnte. Ich legte ihnen ein Konzept vor, das eine fast völlige Aussetzung der Tilgungsleistung und der Zinsen vorsah.
Natürlich entflammte nun eine wilde Diskussion ob der Unmöglichkeit meines Vorhabens. Nach wenigen Minuten brach ich die Diskussion ab, und ich machte darauf aufmerksam, daß dieses Konzept entweder jetzt, und zwar innerhalb der nächsten zehn Minuten, angenommen würde, oder ich würde morgen selbst Konkurs beantragen. Mit diesen Worten verließ ich den Raum, um ihn nach exakt zehn Minuten wieder zu betreten.
Mein Vorschlag wurde angenommen. Nun legte ich ein weiteres Konzept mit einer besonderen Marketingkonzeption vor, von der ich mir versprach, innerhalb der nächsten vier Monate den Umsatz deutlich zu steigern. Allerdings benötigte ich dazu nochmals zusätzliche Gelder, denn Rücklagen hatte ich natürlich keine mehr.

Auch das wurde mir von den Gläubigern bzw. Banken schließlich genehmigt, allerdings mit dem Hinweis, daß dies die letzte Kreditaufstockung sei.
Zum erstenmal seit fast zwei Jahren hatte ich wieder eine Zukunft, eine positive Zukunft vor mir. Voller Enthusiasmus machte ich mich an die Umsetzung meines Marketingkonzepts. Ich wollte das Unmögliche möglich machen: Mitten im Sommer wollte ich mit meinem Unternehmen (das zu einer Branche gehörte, die im Sommer einen durchschnittlichen Umsatzrückgang von ca. 30 Prozent zu verzeichnen hatte) den Umsatz um 30 Prozent steigern. Zwar hielt mich nahezu jeder für vollkommen »ver-rückt«, doch war ich felsenfest davon überzeugt, daß es funktionieren würde. Und in der Tat – es funktionierte! Ich steigerte den Umsatz tatsächlich, aber nicht nur um 30, sondern um 100 Prozent!
Bei dem drei Monate später anberaumten Termin mit den Gläubigern und Banken konnte ich den Anwesenden mitteilen, meine Tilgungsquote nunmehr verdreifachen zu können. Ich legte ein weiteres Konzept vor und bat um nochmalige zusätzliche Kreditmittel, die mir ebenfalls bewilligt wurden – nun allerdings innerhalb von nur fünf Minuten.
Auch dieses Konzept schlug »wie eine Bombe ein« und sorgte später dafür, daß die ganze Branche – es handelte sich um die Fitness-Branche – revolutioniert wurde. In den darauffolgenden Jahren baute, konzeptionierte und beriet ich zusammen mit meinen Mitarbeitern von der *Inline Unternehmensberatung* circa zwölfhundert Fitness- und Freizeitanlagen. Es ist nicht übertrieben: Die Fitness-Welle in Deutschland wurde von uns maßgeblich mit beeinflußt.
Ich schaffte es innerhalb von nur zwölf Monaten, mei-

nen Umsatz zu vervierfachen. Zwar hatte ich immer noch Probleme, aber von Tag zu Tag wurden sie geringer. Ich hatte die negative Lebensspirale verlassen und war auf die positive Spirale gesprungen, die nach oben führt. Ohne daß ich es bewußt bemerkte, verbesserten sich auch meine gesundheitlichen Probleme. Und ich traf auf eine wunderbare Frau (meine heutige Ehefrau Kerstin) und fand neue wertvolle Freunde.

Nachdem ich einmal mit dem Lesen zum Thema »Erfolgsgeheimnisse« begonnen hatte, beschäftigte ich mich mehr und mehr mit diesem Bereich. Während meiner Schulzeit hatte ich Lernen gehaßt – weil ich lernen mußte. Nun begann ich das Lernen zu lieben – weil ich es freiwillig tat. Ich kaufte mir ein Buch nach dem anderen, denn meine Wißbegierde war grenzenlos. Nun erarbeitete ich mir ein Wissen von den wirklich wichtigen Dinge des Lebens: Wie sehen die Strategien aus, die zum Erfolg führen? Wie motiviere ich mich und andere Menschen? Wie kann ich die Fähigkeit der Rhetorik erreichen? Nachdem ich nun ständig neue Erfahrungen machte, war ich fasziniert von all den wunderbaren Erkenntnissen, die sich mir bei meinem Selbststudium auftaten. Immer wieder setzte ich die mir interessant erscheinenden Strategien um und überprüfte, ob »es« auch funktionierte. Strategien, die funktionierten, behielt ich bei, Strategien, die nicht funktionierten, legte ich wieder ab.

Eines Tages besuchte ich mein erstes Seminar. Dieses Seminar kostete damals fast 5000 Mark, und ich konnte es mir eigentlich überhaupt nicht leisten. Aber ich investierte dieses Geld, und wieder tat sich ein völlig neuer Horizont vor mir auf. Nach diesem viertägigen Seminar brannte ich regelrecht darauf, die neu erfahrenen Strategien in meinem Unternehmen umzusetzen. Und es funktionierte: Mein Erfolg stieg an. Von diesem Zeitpunkt an las ich nicht nur Bücher, wann immer ich konnte, ich besuchte auch so viele Seminare wie möglich. Ich lebte damals von einem Minimum und investierte jede Mark, die ich erwirtschaftete, in meine Weiterentwicklung.

Dann kaufte ich mir eines Tages bei einem Seminar eines Trainers mein erstes Hörbuch. Immer dann, wenn ich in meinem Auto saß, schob ich die betreffende Cassette ein – wohl Dutzende Male hat mich dieses erste Hörbuch bei meinen Fahrten akustisch begleitet.

Audio-Cassetten mit fortbildender Lektüre begleiten mich seither auf jeder Fahrt. Das rate ich Dir auch. Warum? Der durchschnittliche Mensch verbringt circa eine Stunde täglich in seinem Auto. Wenn wir dabei statt der negativen Nachrichten, der Werbung oder der doch eher »seichten« Musik stets eine fortbildende Audio-Cassette hören würden, könnten wir auf diese Weise pro Jahr zwei- bis dreihundert Stunden in unseren zukünftigen Erfolg investieren. Ich selbst habe innerhalb von vierzehn Jahren circa siebenhundert Bücher gelesen, rund hundert Audio-Cassetten gehört, mir etwa fünfzig Lernvideos angesehen und um die hundertzwanzig Seminare besucht. Das Konzentrat aus all diesem Wissen vermittle ich heute in meinen Erfolgs- und Motivationsseminaren an meine Teilnehmer weiter. Mittlerweile habe ich selbst insgesamt über zwanzig Bücher, Audio- und Video-Cassetten veröffentlicht (darunter auch das Buch *Sprenge Deine Grenzen*, das zum Nr.-1-Bestseller avancierte).

Bei jedem meiner Seminare mache ich den Teilnehmern deutlich, wie wichtig es ist, ständig an der eigenen Entwicklung weiterzuarbeiten. Noch vor rund zweihundert

Jahren verdoppelte sich das Wissen der Menschheit circa alle hundert Jahre – heute geschieht das in einem Zyklus von zwei bis drei Jahren! Wer da nicht weiterlernt, bleibt nicht nur stehen – er geht zurück! Einer meiner Mentoren prägte einmal den folgenden Satz …

> Ein Mensch, der nicht liest, ist dümmer als
> ein Mensch, der nicht lesen kann!
>
> NIKOLAUS B. ENKELMANN

FRAGE 1:

Wie viele Bücher, die Dich fachlich oder persönlich weiterbringen, hast Du in den letzten drei Jahren gelesen?

____

FRAGE 2:

Wie viele Audio-Cassetten hast Du Dir in dieser Zeit angehört?

____

FRAGE 3:

Wie viele Seminare hast Du bisher besucht?

____

Ich möchte Dir nun drei Strategien nennen, die Du sicherlich alle schon kennst, und vielleicht bist Du deshalb geneigt, sie als »banal« zu bezeichnen. Doch es ist nicht wichtig, ob Du etwas kennst, viel wichtiger ist, ob Du »es« anwendest, ***ob Du es tust!***

»Geht nicht« gibt's nicht!

JÜRGEN HÖLLER

TIP NR. 1:

Lies täglich eine Stunde!

Ja, Du hast richtig gelesen: Lies ab sofort täglich eine Stunde! Wenn Du dies eine Woche durchgehalten hast, hast Du bereits sieben Stunden gelesen; wenn Du es einen Monat durchhältst, hast Du dreißig Stunden gelesen; und wenn Du es ein Jahr durchgehalten hast, sind es bereits 365 Stunden. Falls Du am Wochenende oder im Urlaub noch ab und zu eine halbe Stunde zusätzlich investierst, kommst Du leicht auf vierhundert Stunden pro Jahr – und vierhundert Stunden pro Jahr sind umgerechnet zehn volle Vierzig-Stunden-Arbeitswochen, die Du in Deine persönliche Weiterentwicklung investierst! Zehn volle Vierzig-Stunden-Arbeitswochen sind übrigens umgerechnet soviel wie ein Semester Studium an der Universität. Da im Vergleich dazu der »normale« erwerbstätige Bundesbürger nur 1,1112 fachliche bzw. persönlichkeitsbildende Bücher pro Jahr liest, kannst Du Dir vorstellen, welchen Vorsprung Du Dir erarbeitest.

Wenn Du täglich eine Stunde liest, schaffst Du bequem ein Buch pro Woche, also fünfzig Bücher pro Jahr bzw. siebenhundert Bücher in vierzehn Jahren – genausoviel, wie ich in diesem Zeitraum gelesen habe. Im selben Zeitraum liest der »normale« Kollege oder Mitbewerber von Dir gerade mal fünfzehn Bücher. Du liest also 685 Bücher mehr – bist Du jetzt nicht auch davon überzeugt, daß Du auf diese Weise einen bedeutenden Vorsprung vor Kollegen bzw. Mitbewerbern besitzen wirst? Wissen ist der Rohstoff des 3. Jahrtausends, und nur derjenige, der permanent an seiner Weiterentwicklung arbeitet, wird in Zukunft »die Nase vorn haben«.

Wenn Du ein Buch liest, das beispielsweise Erfolgsstrategien zum Thema hat, liest Du ja in Wirklichkeit nicht nur 240 oder 300 Seiten. Nehmen wir mal meinen Bestseller *Sprenge Deine Grenzen*. Was Du hier vermittelt bekommst, das sind weit mehr als die 310 Seiten, auf die sich der Umfang bemißt ... in Wirklichkeit liest Du die Essenz aus jenen rund siebenhundert Büchern, etwa hundertzwanzig besuchten Seminaren und über hundert Audio-Cassetten-Programmen, denn soviel habe ich ja, wie schon gesagt, innerhalb von vierzehn Jahren durch Lesen von Büchern, Teilnahme an Seminaren und Hören von Cassetten in mich aufgenommen. Ich wiederhole es nochmals (weil es so wichtig ist): Alles, was mir interessant erschien, habe ich in meinen eigenen Firmen umgesetzt und getestet; und das, was Erfolg brachte, behielt ich bei, während ich das, was nicht funktionierte, in Zukunft weggelassen habe. Wenn Du *Sprenge Deine Grenzen* liest, dann breitet sich vor Dir das komprimierte Wissen von fast eineinhalb Jahrzehnten aus. So ergeht es Dir ***immer,*** wenn Du das Buch eines Top-Trainers verinnerlichst: Du erhältst sein komprimiertes Wissen, das auf einem Fundus beruht, der sich manchmal über Jahrzehnte hinweg aufgebaut hat. Falls Du Dich fragst, warum dann die Bücher relativ preisgünstig verkauft werden, wenn sie doch mit soviel Wissen aufwarten, dann kann die Antwort nur lauten: Jeder Autor möchte natürlich möglichst viele Bücher verkaufen und einen Bestseller plazieren – deshalb verpackt jeder Autor all sein Wissen, das er besitzt, in seinen Publikationen.

AUFGABENLISTE:

Welche zehn Bücher liest Du innerhalb der nächsten drei Monate?

1. ______________________________
2. ______________________________
3. ______________________________
4. ______________________________
5. ______________________________
6. ______________________________
7. ______________________________
8. ______________________________
9. ______________________________
10. ______________________________

TIP NR. 2:
Höre täglich mindestens dreißig Minuten Audio-Cassetten!

Laut einer Statistik des deutschen Verkehrsministeriums von 1998 verbringt jeder erwerbstätige Bundesbürger pro Tag durchschnittlich fünfzig Minuten in seinem Auto. Was er, neben dem Autofahren, in dieser Zeit betreibt? Natürlich Radio hören! Der Erfolgstrainer Brian Tracy bezeichnete dies einmal als »Kaugummi fürs Gehirn«: Immer die gleichen Nachrichten, immer die gleichen Werbespots und immer die gleichen fünfzig Songs, die auf der Hitparade oben stehen – und das alles x-mal rauf und runter. Das mag entspannend sein, vielleicht sogar amüsant – bringt es Dich auch in Deinem Leben weiter? Mit Sicherheit nicht!

Wie wäre es dagegen, wenn Du Dein Auto zu einer rollenden Universität umfunktionierst? Schiebe doch einfach stets dann, wenn Du Auto fährst (bzw. Bus, Bahn oder Flugzeug) weiterbildende Audio-Cassetten in Deinen Walkman oder Deinen Cassettenrecorder. So vergrößerst Du, ohne zusätzlichen Zeitaufwand, sozusagen nebenbei, Dein Wissen.

Ich empfehle Dir dabei, jede einzelne Cassette nicht nur einmal, sondern mindestens fünfmal nacheinander zu hören. Gerade während des Autofahrens bist Du immer wieder abgelenkt, so daß ein Teil des Stoffes bewußt nicht verarbeitet werden kann. Durch das wiederholte Hören wirst Du dann ein Optimum an Wissen verarbeiten können. Außerdem programmierst Du Dein Unterbewußtsein wiederholt mit dem Lernstoff, so daß jener angesammelte Stoff schließlich »automatisiert« zu Deiner

Verfügung steht. Mittlerweile gibt es von den besten Referenten der Welt die wichtigsten Bücher auch als Hörcassetten bzw. viele ihrer Seminare als Live-Mitschnitte.

AUFGABENLISTE:

Welche fünf Audio-Cassetten-Programme hörst Du innerhalb der nächsten sechs Monate?

1. ______
2. ______
3. ______
4. ______
5. ______
6. ______

TIP NR. 3:

Besuche vier bis sechs Seminare/Kongresse pro Jahr!

Erfolgreiche Menschen hören niemals auf zu lernen und entwickeln sich immer weiter. Der beste Weg dazu ist der, Seminare zu besuchen. Ein Seminar spricht alle Sinne an: Du siehst den Referenten, Du hörst den Inhalt, Du spürst ein bestimmtes Gefühl und so weiter. Niemals kann ein Buch oder das Hören einer Audio-Cassette den Besuch eines Seminars ersetzen. Bei solch einer Veranstaltung sind ja nicht nur die jeweiligen Referenten aktiv, sondern auch Du selbst bist es – eben durch besagtes Sehen und Hören, Fühlen und Empfinden, einfach durch Dein Mitgehen. Es ist wie das Miterleben eines Sportereignisses: Beispielsweise ein Fußballspiel via TV mitzuerleben ist ganz etwas anderes, als aktiv dabeizusein. Die Zuschauer im Stadion sind nämlich durchaus aktiv, ja, beeinflussen nicht selten das Spielgeschehen durch ihr Gebaren – oder glaubst Du, die Spieler würden genauso »zur Sache gehen«, wenn sie vor leeren Rängen spielten? Ein Endspiel um die Fußballweltmeisterschaft ohne jeden Zuschauer – das wäre undenkbar, wäre zugleich eine öde Veranstaltung.

Ähnlich verhält es sich bei der Teilnahme an einem Seminar. Nichts ist spannender als das aktive Leben, also live dabeizusein, live irgend etwas mitzuerleben. Außerdem bietet sich Dir bei dem Besuch eines Seminars die Gelegenheit, neue Kontakte zu knüpfen, Dich mit den anderen Teilnehmern in den Pausen auszutauschen, Zwischenfragen zu stellen, möglicherweise mit dem Referenten ein paar Worte zu wechseln, ihm die eine oder andere Frage zu stellen, ihn also persönlich kennenzulernen, und so weiter. Bitte denke auch daran, daß Du durch den Besuch eines Seminars Dich wirklich einmal aus dem Alltag »ausklinkst« und einen oder mehrere Tage für Deine Zukunft investierst.

Wenn Du das gleiche zu Hause durchführen möchtest, geht das in der Regel schief, weil in der Zeit bestimmt irgendwelche »Brandherde« ausbrechen und Du gezwungen bist, Dein Nachdenken und Deine Zukunftsplanungen zu unterbrechen. Deshalb solltest Du unbedingt mehrere Seminare und Kongresse pro Jahr besuchen.

Aus diesem wichtigen Grund – das Besuchen von Seminaren für Menschen, die wachsen wollen – habe ich 1998 die *Inline-Akademie* mit einem Abosystem ins Leben gerufen. Schon für einen monatlichen Beitrag von 99,– Mark kannst Du mehrere Seminare oder Kongresse pro Jahr mit den besten Referenten der Welt besuchen. Dazu gehören unter anderem Nikolaus B. Enkelmann, Edgar K. Geffroy, Klaus Kobjoll, Reinhold Messner, Emile Ratelband, Dr. Michael Spitzbart, Brian Tracy und natürlich auch ich selbst.

AUFGABENLISTE:

Welche sechs Seminare/Kongresse besuchst Du in den nächsten zwölf Monaten?

1. ______________________________
2. ______________________________
3. ______________________________
4. ______________________________
5. ______________________________
6. ______________________________

Wenn Du diese drei Tips nicht nur kennst, sondern auch umsetzt, dann wird folgendes passieren:

- Nach zwei bis drei Jahren giltst Du als ***Fachmann!***
- Nach vier bis fünf Jahren bezeichnet man Dich als ***Experten!***
- Nach sechs bis sieben Jahren bist Du die ***Kapazität!***

Ich wiederhole: Im 3. Jahrtausend verdoppelt sich das Wissen der Menschheit alle zwei Jahre. Daraus folgt wiederum: Vorausgesetzt, Du würdest Dich absolut nicht mehr weiterentwickeln – Dein Wissen in fünfzehn Jahren betrüge dann nur noch ein Prozent von dem Potential, das heute in Dir steckt! Lass' es daher nicht zu, daß Du im Wettbewerb der Zukunft das Nachsehen hast – agiere vor dem Wettbewerb, und werde zur absoluten Kapazität auf Deinem Gebiet!

> Wer nicht über seine Zukunft
> nachdenkt (eigentlich besser vordenkt),
> der hat auch keine Zukunft!
>
> JÜRGEN HÖLLER

KAPITEL 6

Gesetz der Ausdauer

Eines Tages kam ein guter Freund zu mir und fragte mich, ob ich mit ihm zusammen ein neues Unternehmen gründen würde. Ich sah ihn fassungslos an und fragte ihn, ob das Angebot ernst gemeint sei; schließlich hätte ich keinerlei freie Mittel für Investitionen übrig – und außerdem wisse er doch, wie viele Fehler ich in der Vergangenheit mit meinen eigenen Unternehmen gemacht hätte. Er antwortete, daß er gerade deshalb so daran interessiert sei, mich als Partner zu gewinnen; er würde das Eigenkapital einbringen und ich die Erfahrung; schließlich habe er ja gesehen, wie ich aus meinen Fehlern gelernt hätte und durch Eigeninitiative aus meinem geschäftlichen Tal nach oben gekommen wäre.

So gründete ich zusammen mit meinen zwei Partnern Gerlinde Meier und Jürgen Scholl 1987 den *Fit & Fun Freizeitclub* in Schweinfurt. Auf über 2000 Quadratmetern wurden mehrere Millionen investiert, um ein Sport- und Freizeitparadies der Sonderklasse zum Leben zu erwecken. Neben einem Fitness-Bereich mit Schwimmbad und mehreren Aerobic-Sälen, einer Wellness-Abteilung mit Massagepraxis, Saunawelt und Sonnenstudio gab es – neben vielen weiteren Komponenten – ein Restaurant, und wer daran interessiert war, der konnte sogar wählen, ob er lieber Basketball oder Volleyball spielen wollte.

Bei diesem Geschäft machten wir von Anfang an alles richtig. Ich setzte mir damals das Ziel, innerhalb von drei Jahren das erfolgreichste Unternehmen dieser Art in Deutschland zu sein. Meine Partner konnten zwar noch nicht so ganz an dieses Ziel glauben, aber ich steckte sie mit meiner Begeisterung und Zielklarheit immer mehr an. Ein Jahr nach der Eröffnung hatten wir bereits weit über tausend eingetragene Mitglieder und waren damit der »Shooting Star« unter allen deutschen Unternehmen der Freizeitbranche. Und so kam es, daß immer mehr Kollegen auf uns aufmerksam wurden und wissen wollten, was wir anders machten. Kollegial und stolz, wie ich damals war, gab ich bereitwillig meine Erfolgsstrategien weiter – mit dem Ergebnis, daß die Kollegen ihren Umsatz wie Ihren Gewinn ebenfalls in kürzester Zeit deutlich steigerten.

Als ich nun durch die einsetzende Mundpropaganda immer öfter um Rat gefragt wurde, beschloß ich, meine Strategien professionell weiterzugeben. Dies war der Beginn der *Inline Unternehmensberatung*. Mittlerweile hatte ich nämlich einen wesentlichen Aspekt nicht nur gelernt, sondern regelrecht verinnerlicht: Das große, klar und eindeutig formulierte und terminierte Ziel ist die Grundvoraussetzung für Erfolg! Das hieß in diesem Fall für mich: *Inline* wird innerhalb von fünf Jahren die weltgrößte Unternehmensberatung für Freizeitanlagen sein! Um es salopp zu formulieren: So ganz klappte es mit dem Ziel nicht ... denn bereits drei Jahre nach Gründung von *Inline* betreuten wir über 350 Unternehmen und waren bereits nach dieser kurzen Zeit weltweit die erfolgreichste Beratungsgesellschaft für diese Branche!

Wie bereits beschrieben, ist die ***Konzentration*** einer der wesentlichen Voraussetzungen für den Erfolg. Demzufolge zog ich mich aus der Leitung der Freizeitanlage vollkommen zurück und konzentrierte mich ausschließlich auf die Unternehmensberatung. Allerdings wandte ich das Grundsystem, das in diesem Bereich ja nie für möglich gehaltene Erfolge gezeitigt hatte, auch auf andere Branchen an – ich multiplizierte es sozusagen. Zunächst gab ich die Leitung der einzelnen Units an Rechtsnachfolger ab, und dann beschränkte ich mich darauf, Lizenzgeber für Namen und Know-how zu sein. Zusätzlich sorgte ich für eine ständige Aus- und Fortbildung aller Mitarbeiter.

Dann, 1991, begann ich damit, für die von uns beratenen Unternehmen »Markt- und Unternehmerseminare« für deren Leiter anzubieten, wobei die Seminare zunächst exclusiv nur für Beratungskunden reserviert waren. Im selben Jahr von einer privaten Wirtschaftsorganisation zum »Unternehmer des Jahres« gewählt, erhielt ich zunehmend Anfragen von unseren Kunden, ob denn wohl der gute Bekannte, der Bruder, der Vater und so weiter, der ebenfalls ein Geschäft besitze, nicht auch an einem Seminar von mir teilnehmen könne. Nachdem ich dies über eine gewisse Zeit abgelehnt hatte, öffnete ich schließlich meine Seminare für den freien Markt.

Als dann mein erstes Buch, *Sicher zum Spitzenerfolg,* in kürzester Zeit zum *Econ*-Bestseller avancierte, waren meine Seminare restlos ausgebucht. Nun mußte ich erneut eine Entscheidung fällen. Die erste Alternative war die, daß ich meine Seminare systematisch verteuerte – was dazu geführt hätte, daß sich eines Tages nur noch Vorstandsvorsitzende und betuchte Unternehmer solch ein Seminar hätten leisten können. Das wollte ich jedoch nicht – und deshalb entschloß ich mich für die zweite Alternative: Ich begann meine Seminare im ganz großen

Stil zu konzipieren. Dabei hatte ich folgendes Ziel fest vor Augen: Im Jahr 2000 miete ich die *Westfalenhalle Dortmund* und halte dort ein Seminar mit zehn- bis zwölftausend Teilnehmern ab. Auf dieses Ziel konzentrierte ich mich, legte mir eine Strategie zurecht und wußte, daß ich es erreichen würde.
Kennst Du die vielleicht Geschichte von den zwei Fröschen, die in einen Krug mit flüssiger Sahne fielen? Nein? Hier ist sie:

> Der eine Frosch fing hektisch an zu strampeln. Er wollte unbedingt wieder aus dem Krug heraus und strampelte deshalb wie wild. Schon nach zehn Minuten war er am Ende seiner Kräfte, sah keinen Ausweg mehr, kapitulierte ... und ertrank! Der zweite Frosch strampelte von Anfang eher bedächtig, legte also nicht so eine Hektik an den Tag wie sein Kumpel. Gleichwohl strampelte er gleichmäßig und ausdauernd.
> Als der erste Frosch schon längst untergegangen war, verfügte der zweite noch über ausreichende Reserven, um immer weiterzustrampeln. Und er strampelte weiter und weiter. Nach einiger Zeit wurde die flüssige Sahne langsam fester, wurde schließlich zu steifer Sahne und letztendlich zu Butter. Nun saß der bedächtig und ausdauernd agierende Frosch auf der zu Butter gewordenen Sahne und konnte den Krug ohne Mühe verlassen.

Diese Geschichte ist eine wunderbare Metapher dafür, was Du alles mit Ausdauer und Disziplin erreichen kannst. Ich habe viele Menschen in meinen Seminaren kennengelernt, die sich ein Ziel gesteckt hatten und voller Begeisterung begannen, daran zu arbeiten. Doch wenn sie nicht in kürzester Zeit Spitzenerfolge erzielten, gaben die meisten von ihnen wieder auf. Ziele setzen und erreichen ist das gleiche, wie einen Marathon bestreiten. Nicht die ersten hundert Meter entscheiden über den Erfolg, sondern entscheidend ist, wie Du die mehr als zweiundvierzig Kilometer angehst und sie insgesamt bewältigst.

> Gib nie, nie, nie, nie, gib niemals auf!
>
> WINSTON CHURCHILL

AUFGABE 13:

Bitte schreibe einmal auf, welche wichtigen Dinge Du in Deinem Leben schon begonnen … und während Deines Weges zum Ziel aufgegeben hast!

___

___

___

___

___

___

___

___

___

AUFGABE 14:

Welchen Schmerz hast Du jeweils dadurch erhalten, daß Du seinerzeit nicht durchgehalten hast?

AUFGABE 15:

Welche Erkenntnis gewinnst Du aus dieser Übung? Und zu was bist Du bereit, in Zukunft zu tun?

Es gibt Menschen, die säen im Februar Weizen – um den Samen vierzehn Tage darauf wieder »auszubuddeln« und nachzusehen, ob sich bereits etwas getan hat. Menschen, die so oder ähnlich vorgehen, besitzen einfach kein Vertrauen, haben einfach nicht die Fähigkeit zur Ausdauer. Zeige mir einen Menschen, der beharrlich jeden Tag mit Disziplin an der Verwirklichung seines Traumes arbeitet – und ich zeige Dir einen erfolgreichen Menschen!
Es gibt viele Frühstarter, die einen fulminanten Start hinlegen, aber unterwegs wegen mangelnder Kondition Schwierigkeiten bekommen und von den Ausdauernden überholt werden. Wenn heute so mancher Kollege bewundernd zu mir aufblickt und es nicht verstehen kann, warum ich so erfolgreich bin, wird in der Regel dabei vergessen, wie hart und ausdauernd ich für meinen Erfolg gearbeitet habe. Jeden Tag habe ich ein bißchen mehr an der Vollendung meines jeweiligen Zieles gearbeitet.
Warst Du schon einmal in Florenz und hast dort die *Uffizien* besucht? Ursprünglich war dieses wunderbare Museum ausschließlich für die vielleicht schönste Statue der Welt errichtet – für Michelangelos *David.* Kennst Du auch die Geschichte von Michelangelos *David?* Brian Tracy hat sie einmal erzählt:

»Er war immer schon da.«

Die Medici in Florenz, zu ihrer Blütezeit die reichste und mächtigste Familie Italiens, beauftragte eines Tages Michelangelo, eine Statue von außergewöhnlicher Güte zu erstellen. Michelangelo verbrachte zunächst seine Zeit damit, nach einem geeigneten Marmorblock Ausschau zu halten.

Eines Tages entdeckte er in einer Seitenstraße einen von Unkraut und Gras überwucherten Marmorblock, der einmal in die Stadt geschafft, aber nicht verwendet worden war. Er blickte ihn eine Zeitlang an und ließ ihn dann von einigen Arbeitern in sein Atelier bringen.

Dort begann er mit der zeitaufwendigen und mühsamen Arbeit, den *David* aus dem Stein zu hauen. Zwei Jahre dauerte es, ehe er die Konturen aus dem Stein gehauen hatte. Und zwei weitere Jahre benötigte er, bis er durch Schleifen, Polieren und so weiter das Wunderwerk des *David* endgültig fertiggestellt hatte. Bei der Enthüllung des *David* auf dem Marktplatz strömten die Menschenmassen herbei und bestaunten andächtig und stumm das Meisterwerk. Michelangelo gilt seit diesem Zeitpunkt als der größte Bildhauer aller Zeiten.

Als man ihn fragte, wie er denn dieses Meisterwerk erschaffen konnte, antwortete er: »Der *David* war immer schon da. Ich habe ihn im Marmorblock gesehen und mußte lediglich noch allen überflüssigen Marmor so lange entfernen, bis der *David* in seiner Pracht und Einzigartigkeit übrigblieb.«

Du siehst: Alles ist bereits vorhanden. Nur: Du mußt es erst »aus dem Marmor meißeln«! Um schließlich Deinen »David« hervorzubringen, mußt Du über eine sehr lange Zeit täglich an Deinem »Marmorblock« arbeiten. Genauso verhält es sich mit Deinem Leben: Das Meisterstück, das Du hervorbringen kannst, bedarf der ausdauernden Bearbeitung.

Hast Du gewußt, daß ein Löwe neunundzwanzig Angriffe starten muß, um schließlich eine einzige Gazelle zu erlegen? Doch der Löwe gibt nicht auf. Vielleicht ist es auch sein eminent großer Druck, der ihn dazu antreibt, die Gazelle schlagen zu ***müssen?*** Wie dem auch sei: ***Ist der Druck auch für Dich stark genug, eine lange Zeit jeden Tag an der Verwirklichung Deines jeweiligen Traumes zu arbeiten?*** Oder bist Du einer von denen, der heute beginnt und morgen bereits am Ziel sein möchte?

Die erfolgreichen Menschen haben gelernt, den täglichen Weg, die tägliche Arbeit zu lieben. Es macht ihnen Spaß, diesen Weg täglich zu gehen. Diejenigen, die unterwegs aufgeben, sind Menschen, die sich verhalten wie ein Golfspieler, der glücklich und zufrieden ist, wenn er einlocht – und nach seinem Abschlag auf dem Weg zum nächsten Einputten ständig vor sich hin schimpft und sich ärgert, weil er laufen muß. Golf macht nun einmal nur dann Spaß, wenn einem auch der Weg von einem Loch zum andern Spaß macht.

> Die meisten Menschen überschätzen, was sie
> kurzfristig, und unterschätzen,
> was sie langfristig erreichen können!
>
> JÜRGEN HÖLLER

KAPITEL 7

Gesetz des Willens

Als ich von meinem ersten Seminar nach Hause kam, fragte mich Kerstin, meine Frau, wie es denn gelaufen sei. Ich machte wohl nicht gerade ein begeistertes Gesicht, als ich zu ihr sagte: »Ganz gut.« Sie fragte nach: »Ganz gut? Was heißt ›ganz gut‹? Wieviel Leute waren denn da?« Ich antwortete: »Fünf.« – »Fünf …? Ja … und … was haben denn diese fünf gesagt? … Los, komm schon, lass' Dir nicht alles aus der Nase ziehen!« – »Ja, die fünf waren schon sehr begeistert.« – »Wollen sie dich denn auch weiterempfehlen?« – »Ja, sie waren so begeistert, daß sie es ihren Freunden, Bekannten, Verwandten, Arbeitskollegen unbedingt weiterempfehlen wollen.«
Meine Frau war von meiner Antwort so angetan, daß sie vorschlug, gleich einmal auf meinen Erfolg eine Flasche Champagner zu »köpfen«. Sie war überzeugt davon, daß durch die Mundpropaganda meine Seminare in kürzester Zeit gut belegt sein würden.
Damals hielt ich meine Referate in Nebenzimmern von Gaststätten, und der Eintritt kostete 199 Mark pro Person für zwei Tage – ich erzielte dabei also einen Gesamtumsatz von nicht einmal 1000 Mark (innerhalb eines Monats!). Vier Wochen später fuhr ich mit frischem Enthusiasmus zum nächsten Seminar. Es war ernüchternd: Für das Zählen der Anwesenden benötigte ich noch nicht mal eine ganze Hand – einen meiner Finger brauchte ich

nämlich nicht zu bewegen. Vier Wochen später waren es dann sieben, dann sechs, dann zwar bereits neun, doch zufrieden konnte ich auch damit nicht sein ...

Ich weiß nicht, ob Du Dir vorstellen kannst, wie Du dich fühlst, wenn Du Werbezettel ausschickst, Anzeigen schaltest, hart arbeitest – und dann im Nebenzimmer einer Pizzeria vor vier Personen zwei Tage lang referierst. Ich vergesse es nie – es war, so glaube ich, mein drittes oder viertes Seminar: Als ich nach der Mittagspause in einem kleinen Zimmer eines Restaurants referierte, brach plötzlich in der nebenan befindlichen Gaststube ein Heidenkrach aus ... mit Musik und Singsang und Auf-den-Tisch-Klopfen – jedenfalls ein Riesentrubel. Ich öffnete die Tür ... und schaute, wohl etwas verdutzt, in eine Runde von circa vierzig Personen, die gerade dabei waren, eine »Original Schweinfurter Schlachtschüssel« zu »verputzen«. Jeder hatte ein obligatorisches »Lätzchen« umgebunden, hielt Messer und Gabel in der Hand und klopfte auf den Tisch, trällerte ein Liedchen zur Musik einer Quetschkommode – und alle sahen in mein entgeistertes Gesicht. Es war die Hölle für mich. Ich schämte mich vor meinen Seminarteilnehmern in Grund und Boden.

Aber so war das nun einmal in meinen Anfängen als Seminarveranstalter und -referent. Aber ich hielt durch. So nahm ich mir fest vor, im ersten Jahr durchschnittlich auf mindestens zehn bis zwölf Teilnehmer pro Seminar zu kommen. Kannst Du Dir vorstellen, daß man das schafft, wenn Du im ersten Halbjahr gerade mal fünf bis sechs Teilnehmer im Durchschnitt zählen darfst? Und kannst Du Dir vorstellen, daß ich den Mut behielt, daß ich weitermachte? Von fünf, sechs Teilnehmern auf zehn zu kommen – das traute ich mir allemal zu.

Ich machte weiter, denn ich glaubte an mich – und ich hatte ein Ziel. Nach einem Jahr war ich tatsächlich auf durchschnittlich zwölf Teilnehmer pro Seminar gekommen. Im zweiten Jahr wollte ich mein Ergebnis verdoppeln – und ich schaffte auch das. So setzte ich mir immer neue Ziele, ehe es 1996 soweit war: Zum erstenmal füllte ich riesige Säle mit mehr als tausend Teilnehmern! Die Medien wurden mehr und mehr auf mich aufmerksam, und die meisten der führenden Zeitungen, Zeitschriften und Magazine sowie Rundfunk- und Fernsehsender fragten um ein Interview nach oder berichteten über mich.

Die Mundpropaganda meiner Seminaristen sorgte zudem für einen regelrechten Boom von Teilnehmern, die an meinen Veranstaltungen teilnehmen wollten. Oft besuchten zwei, drei Mitarbeiter eines Unternehmens ein erstes Seminar bei mir – und bei der nächsten Veranstaltung fuhren dann bereits zwei Busse vor, aus denen dann an die hundert Kollegen von ihnen ausstiegen ...

So manches Mal kommt es mir selbst unglaublich vor, welche Berg-und-Tal-Fahrt mein Leben genommen hat – doch eines weiß ich aufgrund der Erfahrung an meinem eigenen Beispiel genau: ***Jeder Mensch ist der Schöpfer seines Schicksals!*** Denn:

- Jeder Mensch kann das aus sich machen, was er aus sich machen will!
- Jeder Mensch wird das, was er glaubt, sein zu können!
- Jeder Mensch hat die Veranlagung zur Größe in sich!
- Jeder Mensch sollte sich Ziele setzen, an denen er beharrlich und ausdauernd und voller Glaube arbeitet!

- Jeder Erfolg ist aufgebaut auf großen Zielen und harter Arbeit!
- Jeder große Erfolg ist immer wieder gespickt mit kleineren Mißerfolgen und Problemen!
- Jeder erfolgreiche Mensch kommt möglicherweise sogar an den Punkt, an dem er sein Ziel aufgeben möchte!

Deshalb möchte ich Dich zum Schluß dieses Kapitels darum bitten, ***Dir ein großes Ziel zu stecken, das Dich ausfüllt, begeistert und jede Zelle Deines Körpers mit Energie versorgt.*** Und wenn Du dieses Ziel hast, dann denke daran: ***Gib nie, nie, nie, nie, gib niemals auf!*** Kennst Du die folgende Geschichte von Winston Churchill dem großen britischen Staatsmann? In wenigen Minuten wirst Du sie kennen ...

Als Winston Churchill schon sehr alt war, sollte er noch einmal eine große Rede für die Öffentlichkeit halten. Von nah und fern kamen Tausende von Menschen zusammen, um eine der bedeutendsten noch lebenden Persönlichkeiten der Geschichte live zu sehen.
Am Veranstaltungsort, einer Universität, wurde Churchill schließlich angekündigt. Der große Staatsmann betrat gemessenen Schrittes die Bühne, stellte sich hinter das Rednerpult und blickte zunächst einmal einige Sekunden stumm in die riesige Menge. Schließlich sagte er folgende Worte: »Gib nie, nie, nie, nie, gib niemals auf!«, schaute nochmals einige Sekunden in die Runde, verließ das Rednerpult und setzte sich wieder.
Die Zuhörer waren zunächst überrascht: Waren sie für diesen einen Satz so weit angereist, mitunter Hunderte von Kilometern? Doch endlich dämmerte es Ihnen, was

Churchill meinte, und sie begannen Beifall zu klatschen. Sie applaudierten immer heftiger – und schließlich gaben sie ihm minutenlang »Standing ovations«.
Jahre zuvor, im Zweiten Weltkrieg, hatten ihm seine Militärberater geraten, endlich aufzugeben: »Die Deutschen sind einfach zu stark; sie werden ganz England in Schutt und Asche bomben. Wir sollten kapitulieren.« Churchill war sich nicht sicher, was er tun sollte. Als am Abend wie schon so oft zuvor Fliegeralarm gegeben wurde, stellte er sich auf die Terrasse seines Londoner Wohnsitzes und blickte Richtung Himmel. Er sah, wie die deutschen Bomber wieder ihre tödliche Fracht über der englischen Hauptstadt abluden. In diesem Moment schüttelte er die Fäuste und schrie nach oben: »Mich schafft ihr nicht! Ich gebe nie, nie, nie, nie, ich gebe niemals auf!«

Genau diese Botschaft wollte Churchill seinen Zuhörern vermitteln.

Es gibt nur zwei Möglichkeiten,
um zu versagen:

1. Nie anfangen!
2. Unterwegs aufgeben!

JÜRGEN HÖLLER

Mark McCormack, der Gründer der Sportmarketingfirma *IMG*, begann einst mit 600 Dollar in der Tasche. Die ersten Sportler, die er managte, waren die heutigen Golfle-

genden Jack Nicklaus und Arnold Palmer. Damals verlangte er 10 Prozent Managementgebühr. Und heute? Heute sind es bis zu 35 Prozent, die er von den Sportlern fordert – und erhält. Auch Steffi Graf zählte – wie viele andere berühmte Sportlerinnen und Sportler – zu seinen Klienten. Sein Unternehmen ist längst zu einem Milliardenkonzern gewachsen, und weder im Golf noch im Tennis gibt es praktisch keine größere Veranstaltung, bei der nicht Mark McCormack mit seiner Firma die Hände im Spiel hat. So vermarktete er beispielsweise die Olympischen Spiele 1992 von Barcelona.
Mark McCormack schrieb das Buch *Was Du nicht an der Harvard Business University* lernen kannst, und wie nicht anders bei diesem Mann zu erwarten, wurde es zu einem Bestseller. Als ich ihn einmal kennenlernen durfte, sagte er unter anderem folgendes ...

»Erfolgreich zu sein bedeutet:
Du mußt einmal öfter aufstehen,
als Du hingefallen bist!«

Genau darum geht es: »Gib niemals auf!« Versagt hast Du erst dann, wenn Du liegenbleibst. Viele erfolgreiche Menschen sind mehr als einmal hingefallen – aber sie hatten den Mut, nochmals ganz von vorne zu beginnen! In den USA gehört es fast zum guten Ton, einmal pleite gewesen zu sein, um dann schließlich zum Spitzenerfolg durchzustarten.

AUFGABE 16:

An welchen Punkten in Deinem Leben hast Du kapituliert, hast Du aufgegeben?

____

____

____

____

____

____

____

AUFGABE 17:

Hast Du noch die Stärke, besitzt Du noch den Mut, jetzt neue Entscheidungen zu treffen, die Deine Zukunft positiv beeinflussen?

____

____

____

____

____

____

____

AUFGABE 18:

Welche Verabredung triffst Du jetzt mit Dir selbst?

____

____

____

____

____

____

Handeln kommt von »Hand«
und nicht von »Maul«.
(Sonst würde es ja »Maulen« heißen ...)

JÜRGEN HÖLLER

KAPITEL 8

Gesetz der Evolution

Während ich dieses Buch schreibe, kommen mir die letzten Jahre manchmal so vor, als liefe ein Traum vor mir ab – ein schöner Traum. Heute, anno 1999, habe ich fast alle (wichtigen) Ziele, die ich mir gesteckt habe, erreicht, und die, die ich nicht erreicht habe, waren wohl nicht sehr wichtig für mich – wenn sie wieder wichtig werden sollten, dann werde ich sie eben innerhalb einer neuen Frist erreichen.

In den letzten Jahren habe ich viele der führenden Firmen in Deutschland, Österreich und der Schweiz geschult. Ich schulte weiterhin einige der besten Sportler und Mannschaften im deutschsprachigen Raum, da sich meine Erfolgsstrategien auch im Sport – genauso wie in anderen Bereichen – einsetzen lassen. Dabei habe ich materiell mehr erreicht, als ich mir noch vor wenigen Jahren überhaupt vorstellen konnte. Ich führe eine wunderbare Beziehung, habe »den besten Jungen der Welt«, wohne mit meiner Familie in meinem Traumhaus und habe dort natürlich alle »Ver-rücktheiten« umgesetzt – solche, die noch normal erscheinen, wie Schwimmbad und Fitness-Center, aber auch solche, die »man(n)« sich meist nicht traut, weil »man(n)« sie als Erwachsener einfach nicht tut. Unter diese Art von »Ver-rücktheit« zählen ein Billardtisch, eine Carrera-Bahn, ein Dart-Brett, eine Bogenschießanlage, ein Kicker – alles »Dinge«,

die »man(n)« nicht haben muß, die aber ich, Jürgen Höller, um mich haben will. Jedenfalls bin ich sehr zufrieden mit meinem jetzigen Zustand.
Genau hier liegt meist das Problem. Viele Menschen würden sich jetzt zurücklegen, vielleicht noch eine Villa auf Mallorca erwerben und ... in privatissime machen. Doch das ist nicht das Leben, das ich führen möchte. Mehrmals im Jahr einige Wochen Urlaub zu machen an den schönsten Orten der Welt – ja! Doch was ist das für ein Leben, immer in der Sonne zu liegen, und wie fühlt man sich, wenn man all die Filme gesehen hat, die man sehen wollte, all die Bücher gelesen hat, die man lesen wollte, all die Partys gefeiert hat, auf die man früher verzichtet hatte? Ist das wirklich das, was uns glücklich macht? Nein!

Lebe deine Träume,
und träume nicht Dein Leben!

Ich persönlich glaube das nicht, glaube vielmehr, daß jeder Mensch vor allem deshalb auf diese Welt gekommen ist, um sich permanent weiterzuentwickeln, um zu lernen. Leben heißt bewegen, bedeutet Veränderung, heißt Weiterentwicklung. Und diese Weiterentwicklung bricht ab, wenn man nur noch dem Müßiggang nachgeht und versucht, durch äußere Dinge glücklich zu sein. Wahres Glück entsteht von innen heraus, entsteht, indem man sich permanent höher- und weiterentwickelt. Zu Beginn des Erfolgswegs ist es wichtig und richtig, materielle Ziele zu verwirklichen. Denn nur der, der materiell abgesichert ist, ist frei von materiellen

Zwängen und kann das tun, wonach ihm ist. Wenn man tun kann, wonach einem ist, wenn man sich also ***selbst verwirklichen*** kann, ist dann die nächste Entwicklungsstufe vielleicht die, einen höheren Sinn, eine höhere Aufgabe im Leben zu entdecken? Ich sehe das jedenfalls so.
In einem Satz zusammengefaßt, lautet die Aufgabe, der ich mich verschrieben habe, folgendermaßen:

> Ich helfe möglichst vielen Menschen dabei,
> ihr wahres Potential zu entdecken und
> dadurch erfolgreicher und glücklicher zu werden!

AUFGABE 19:

Hast Du schon Ziele in Deinem Leben verwirklicht? Hast Du in jedem Bereich Deines Lebens noch neue Ziele, neue Aufgaben? Wenn beispielsweise in Deiner Beziehung keine neuen Ziele mehr existieren, ist diese Beziehung im höchsten Grade gefährdet. Was also gibt es, das Du Dir noch als Ziel stecken könntest, das Dich antreibt?

AUFGABE 20:

Welcher Aufgabe hast Du Dich verschrieben, die hinter Deinen Zielen steckt?

____

____

____

____

____

AUFGABE 21:

Was ist der Sinn ***Deines*** Lebens?

____

____

____

____

____

Don't dream it,
do it!

JÜRGEN HÖLLER

KAPITEL 9

Gesetz der Freude

Während meiner gesamten Schulzeit war ich – wie ich zugeben muß – ein unglaublicher Faulpelz. In diesem Zusammenhang erinnere ich mich an ein Schlüsselerlebnis, als ich während meiner Grundschulzeit nachmittags Hausaufgaben an meinem Schreibtisch in meinem Kinderzimmer machte und dabei Radiomusik laufen ließ. Meine Mutter saß im Wohnzimmer, strickte und rief mir durch die offene Türe zu: »Jürgen, ich denke, du machst Hausaufgaben?« Ich stellte das Radio ab und antwortete: »Ja, Mutti.«
Von diesem Moment an hatte ich verstanden: Dienst ist Dienst, und Schnaps ist Schnaps. Anders ausgedrückt: Lernen ist etwas Ernsthaftes, etwas, das man nicht mit Spaß verbinden kann. Aus einem mir noch nicht bekannten Grund habe ich jedoch eine absolute Abneigung gegen Dinge, die ich tun muß, während ich bis zur Erschöpfung Dinge mache, die ich tun will!

> Freude und Spaß
> sind Nahrung für die Seele.
>
> JÜRGEN HÖLLER

In meiner Schulzeit mußte ich Hausaufgaben machen – deshalb machte ich keine! Na ja, ich machte sie schon, indem ich mir vom besten Schüler meiner Klasse die Aufgaben besorgte und sie dann schnell vor der Schule zwischen 7.45 Uhr und 8.00 Uhr erledigte. Lernen mußte ich ebenfalls – deshalb lernte ich nie! Diese notorische Faulheit war ein Grund dafür, daß ich schließlich in der 7. Klasse des Gymnasiums in einigen Lernfächern so schlechte Noten hatte, daß mich meine Eltern auf die Realschule versetzen ließen. Dort hatte ich dann natürlich, gemessen an meinen Mitschülern, die von der Hauptschule kamen, wieder einen kleinen Vorsprung, so daß ich gar nicht einsah, jetzt mit dem Lernen, gar mit Hausaufgaben beginnen zu sollen. Außerdem konnte ich ja in einigen Fächern Spitzennoten vorweisen. Das waren – wie auch anders? – natürlich die Fächer, die mir Spaß machten.

Ich war wahrscheinlich der einzige Schüler im weiten Umkreis, der im Halbjahreszeugnis der 10. Klasse (der Abgangsklasse Realschule) fünf Einser hatte – und gleichzeitig vier Fünfer. Und nun endlich war der Druck so groß geworden, daß ich handeln mußte! Bei mehr als einem Fünfer im Jahresabschlußzeugnis hätte ich meine Mittlere Reife nicht bestanden – und ich hätte die Lehre als Speditionskaufmann, die ich ins Auge gefaßt hatte, nicht antreten können. Und so begann ich, erstmalig in meinem Leben, Hausaufgaben zu machen und zu lernen. Da mir das aber alleine keinen Spaß machte, organisierte ich in Windeseile eine Zehn-Mann-Gemeinschaft, die vorhatte, jeden Tag nach der Schule im Klassenzimmer zu bleiben und in kleinen Gruppen die Hausaufgaben zu erledigen.

Ich beantragte beim Direktor eine Sondererlaubnis für

dieses Vorhaben – und er genehmigte sie. Auf diese Weise hatte ich nun bei meinen Hausaufgaben Schüler neben mir, die in den Fächern, in denen ich auf Fünf stand, weitaus besser waren. So konnte ich sie jederzeit ansprechen und von ihnen lernen. Ohne es zu wissen, hatte ich damals bereits das *Modelling of Excellence* umgesetzt, von dem ich später noch so viel profitieren und das ich vieltausendfach an meine Seminarteilnehmer und Buchleser weitergeben sollte. *Modelling of Excellence* bedeutet: ***Lerne von den Besten!*** Jedenfalls schaffte ich es nicht nur, alle Fünfer innerhalb von vier Monaten in Dreier umzuwandeln, sondern ich erzielte noch ein ganz passables Zeugnis.

> Wer das Rezept eines Meisterkochs
> genau einhält, wird auch
> die gleichen Ergebnisse erzielen.
>
> JÜRGEN HÖLLER

Mit knapp sechzehn Jahren begann ich dann meine Lehre als Kaufmann in einer Spedition. Und wiederum machte mir, wie schon auf der Schule, mein »Kleinheitsdenken« zu schaffen, denn ich war von den Lehrlingen, die ihre Ausbildung antraten, der jüngste – genauer gesagt: Der Zweitjüngste war immerhin noch ein Jahr älter als ich …

Wie schon am Anfang des Buches erwähnt, war ich seit meiner Einschulung stets der Jüngste in meiner Klasse – und damit auch einer der Kleinsten und Schwächsten. Wenn es in den ersten Klassen darum ging, wen die stärksten »Rudelführer« an diesem Tag mal so richtig verdreschen wollten, dann dachten sie meistens an mich! Ich kompensierte zwar meinen körperlichen Nachteil durch mein lautes Mundwerk, besaß auch damals schon die Fähigkeit, Menschen für mich zu begeistern – so schaffte ich es, eine Bande mit einigen »starken Jungs« zu gründen, die ihren Anführer (nämlich mich) gegen alles verteidigten –, aber all das reichte nicht, um mein »Kleinheitsdenken« aufzulösen. Dieser Minderwertigkeitskomplex, der sich schon längst gebildet hatte, war einfach zu fest in meinem Inneren verankert.

Nun war ich also wiederum der Jüngste einer bestimmten Gruppe – und das ließ meinen Komplex wieder so richtig »aufleben«. Ich war jedenfalls so gehemmt, daß meine Leistungen in den ersten Monaten wirklich nicht überragend waren. Hinzu kam, daß der Chef der Abteilung, in die ich zunächst kam, alles andere als ein »Menschenfreund« war; so bereitete es ihm eine teuflische Freude, seine Untergebenen »zusammenzupfeifen« und »fertigzumachen«. Und wer war wohl sein bevorzugtes Opfer? Ich natürlich! Als ich schließlich meine Ausbildung in der nächsten Abteilung antrat, konnte dieser »Meister der Menschenführung« nicht umhin, zuvor meinem neuen Vorgesetzten zuzustecken, daß ich die größte Pfeife wäre, die jemals in der Spedition als Lehrling angefangen hätte. Mein neuer Chef in der Abteilung »Kalkulation und Abrechnung« war zwar ein gerechter und großartiger Vorgesetzter, war aber dennoch durch diese Aussage beeinflußt worden.

Aber er gab mir trotzdem immer wieder Aufgaben, die ich lösen sollte, und auch dann, wenn einmal etwas schieflief, schenkte er mir danach sein Vertrauen und übertrug mir weitere Aufgaben. Ich lernte auf diese

Weise, daß ich durchaus einmal einen Fehler begehen konnte, ohne gleich dafür emotionalen Schmerz erleiden zu müssen. Zunehmends wurde ich nun sicherer, traute mir mehr zu, und es machte mir richtig Spaß, in dieser Abteilung zu arbeiten. Weil es mir Spaß machte, begann ich vormittags eine halbe Stunde früher mit der Arbeit als alle meine Abteilungskollegen, blieb abends eine halbe Stunde länger und verkürzte meine Mittagspause ebenfalls um eine halbe Stunde. Es machte mir nichts aus, jeden Tag eine, gar zwei Stunden länger zu arbeiten, denn die Arbeit befriedigte mich ja ungemein – und außerdem wollte ich meinem neuen Vorgesetzten beweisen, daß ich doch etwas leisten konnte und daß etwas in mir steckte, das es verdiente, gefördert zu werden. Vielleicht zum erstenmal in meinem Leben war mein Ehrgeiz so richtig entbrannt!

> Gib alles – und dann noch 10 Prozent!
>
> JÜRGEN HÖLLER

Schon sechs Monate nach dem Wechsel in die neue Abteilung fühlte ich mich großartig, und in der Folgezeit übertrug mir mein Vorgesetzter immer größere Aufgaben, immer mehr Verantwortung. Wiederum ein Jahr später – ich war zu diesem Zeitpunkt gut siebzehn Jahre alt – fragte mich mein Abteilungsleiter, bevor er seinen vierwöchigen Urlaub antrat, ob ich mir zutrauen würde, in dieser Zeit die Abteilung als sein Stellvertreter zu leiten. Man muß sich das einmal vorstellen: Ich war gut siebzehn, in der Abteilung gab es (mein Chef nicht mitgerechnet) außer mir noch sieben Mitarbeiter, von denen der jüngste damals achtunddreißig Jahre alt war ... und ausgerechnet ich, der ich noch einige Monate zuvor als Versager abgestempelt worden war, sollte nun die Abteilung »Kalkulation, Abrechnung und Statistik« leiten, also einen Bereich, in dem es um viel Geld für das Unternehmen ging.

Ich sagte natürlich spontan zu. Während der vier Wochen bewältigte ich nicht nur meine Aufgaben, sondern zusätzlich auch noch die des Abteilungsleiters. In dieser Zeit arbeitete ich täglich zehn bis zwölf Stunden und kam dazu noch am Samstag für acht Stunden ins Büro. Als mein Vorgesetzter nach vier Wochen aus seinem Urlaub zurückkam, erwartete er natürlich, einen Riesenhaufen Arbeit vorzufinden, also Vorgänge, die nicht in meinen Bereich fielen, und solche, über die ich aufgrund meines Ausbildungsstandes nicht Bescheid wissen konnte. Zu seiner großen Überraschung war alles erledigt. Nachdem sich seine Verblüffung gelegt hatte, war er sehr beeindruckt, was sich auch dadurch äußerte, indem er vor den Mitarbeitern der Abteilung meine Leistung würdigte. Seit diesem Zeitpunkt war ich nicht mehr zu halten – ich fühlte mich zum erstenmal in meinem Leben wirklich wichtig, meine Arbeit machte mir deshalb Spaß, und ich entwickelte mich weiter und weiter ...

Was ich Dir mit diesem Kapitel deutlich machen möchte, ist folgendes: Du kannst nur dann Spitzenleistungen erbringen, wenn Dir das, was Du tust, auch Spaß macht. Ich kenne etliche Menschen, die einer Tätigkeit nachgehen, welche ihnen keine sonderliche Freude bereitet, die sie aber ausführen, weil sie das Geld benötigen; und dann gibt es solche, die sich einfach nicht vorstellen können, eine Tätigkeit auszuüben, die wirklich Freude vermittelt. Aus meiner heutigen Erfahrung jedoch weiß ich: Die wirklich erfolgreichen Menschen sind immer diejenigen, die etwas tun, was ihnen einfach Spaß macht. Diese Menschen machen ihr Hobby zum Beruf. Und wenn Du etwas ausübst, das Du gerne tust, dann wirst Du das natürlich möglichst oft und lange tun wollen. Du schaust dann nicht auf die Uhr, wann die acht Stunden Deiner täglichen Arbeit vorbei sind, nein, Du sitzt nach zehn, zwölf Stunden immer noch an Deiner »Beruf-ung« und merkst nicht einmal, wie die Zeit verflogen ist.

Damit nicht genug, denkst Du sogar während Deiner »freien Zeit« an Deine Arbeit und machst Dir Gedanken, was Du verbessern könntest. Im Urlaub beispielsweise entwirfst Du Pläne, kommen Dir nicht selten die besten Ideen dahingehend, was Du in verschiedenen Bereichen verändern könntest, um noch erfolgreicher auf Deinem Gebiet bzw. in Deinem Beruf zu sein. Das ist es, was erfolgreiche Menschen auszeichnet: Sie üben ihre Tätigkeit aus Freude aus.

Wie schon angedeutet: ***Beruf kommt von »Beruf-ung«!***

Wer dagegen immer nur seinen Job ausübt als Mittel zum Zweck, der kann zwar durchaus davon leben – aber die Nummer 1 in seinem Bereich wird er nie! Ein normal Berufstätiger arbeitet acht Stunden pro Tag. Umgerechnet macht das die Hälfte Deiner wachen Lebenszeit aus. Wer zehn oder zwölf Stunden pro Tag arbeitet, verbringt gar zwei Drittel oder drei Viertel seiner wachen Lebenszeit mit seinem Beruf. Wenn Dir also Dein Beruf keine Freude macht, wenn er Dir keine Erfolgserlebnisse vermittelt, dann verschenkst Du 50 bis 80 Prozent Deines Lebens!

AUFGABE 22:

Liebst Du Deine derzeitige Arbeit?

AUFGABE 23:

Liebst Du Deine Arbeit noch in drei, fünf oder zehn Jahren?

AUFGABE 24:

Falls nein, welche Tätigkeiten, welche Hobbys, welche Dinge liebst Du?

____

____

____

____

____

AUFGABE 25:

Was könntest Du in diesen Bereichen für einen Beruf ergreifen, den Du gerne ausübst?

____

____

____

____

____

> Wer sagt: »Ich kann nicht!«,
> der meint in Wirklichkeit: »Ich will nicht!«
>
> JÜRGEN HÖLLER

KAPITEL 10

Gesetz der richtigen Zielsetzung

Ich war erst achtzehn Jahre alt, als ein neuer Geschäftsführer die Leitung der Spedition übernahm. Schon nach wenigen Monaten rief er mich zu einer Besprechung in sein Büro und teilte mir mit, daß er beobachtet hätte, wie ich mich einsetze und er sich deshalb vorstellen könnte, daß ich einmal eine führende Rolle in dieser Spedition einnehmen würde. Spätestens bis zu meinem 25. Lebensjahr würde ich in einer der Speditionsniederlassungen Filialleiter sein, so schließlich sein Versprechen. Das bedeutete für mich einen weiteren Meilenstein, denn die Filialleiter der damals bestehenden acht Niederlassungen waren gestandene Führungskräfte, von denen der jüngste immerhin schon fünfunddreißig Jahre zählte. Einige hatten Abitur, andere gar ein Studium abgeschlossen, und alle konnten sie auf eine langjährige Erfahrung im Speditionsgewerbe zurückblicken. Danach »schwebte« ich auf Wolken – und strengte mich noch mehr an!

Ich wollte immer ein bißchen besser sein als alle anderen. So nahm ich mir vor, stets ein bißchen mehr zu geben, als man von mir erwartete (und wofür man mich auch bezahlte). Ich hatte mich geistig bereits darauf eingestellt, eine solche Filiale zu übernehmen, als etwas Entscheidendes in meinem Leben passierte: Von einem Bekannten hatte ich erfahren, daß 25 Kilometer entfernt, in der nächst größeren Stadt, ein Geschäft zum Verkauf stünde.

Einige Tage darauf fuhr ich dort hin, obwohl ich weder große Erwartungen noch irgendwelche Ziele hatte. Als ich das Geschäft jedoch betrat, wußte ich: Diese Firma kaufe ich! Ich sah mich dreißig Minuten in Ruhe um und teilte dann dem verdutzten Geschäftsinhaber meine Kaufabsicht mit. Er erklärte sich einverstanden, wenn ich innerhalb von fünf Tagen eine Bankbestätigung bringen würde, aus der hervorginge, daß die Finanzierung gesichert sei. Dann würde er mit mir den Kaufvertrag unterschreiben. Sollte ich es allerdings nicht innerhalb von fünf Tagen schaffen, würde er anderweitig verkaufen, da er bereits einen weiteren Interessenten hätte.

Ich suchte eine erste Bank auf, erläuterte mein Konzept – und war mir über das »Ja« der Bank vollkommen sicher. Zum damaligen Zeitpunkt verfügte ich über 8.400 Mark, hatte aber 12.500 Mark Eigenkapital angegeben (da ich den »Rest« schon von meinem privaten Girokonto durch Überziehung abgehoben hatte). Weil das Geschäft 135.000 Mark kosten sollte, benötigte ich exakt 122.500 Mark als Darlehenssumme. Zwei Tage später rief mich der Sachbearbeiter der Bank an und teilte mir mit, daß ich die Darlehenssumme bekommen würde. So hatte ich ein Geschäft gekauft, von dem ich fünf Tage zuvor noch nicht einmal wußte, daß es existierte! Ein junger Mann von neunzehn Jahren mit noch nicht einmal 6 Prozent Eigenkapital erhält 122.500 Mark ohne Sicherheiten – damals schien das für mich vollkommen normal, doch heute weiß ich, daß es eigentlich unmöglich war. In meinem unbändigen Ehrgeiz und mit meinem brennenden Feuer der Begeisterung hatte ich den Banker wohl für mich eingenommen und schließlich überzeugt.

Später fragte ich mich dann so manches Mal, wie ich das damals wohl geschafft hatte, und mir war dann klar: Ich hatte es nur geschafft, weil ich daran so felsenfest glaubte und weil ich das Ziel hatte, es zu schaffen. Mahatma Gandhi sagte einmal:

> Setze Deine Ziele groß genug, und die Umstände werden sich nach Deinen Zielen richten!

Dieses Zitat kann ich nur bestätigen. Ich hatte das Ziel, ich wollte es unbedingt erreichen ... und ich schaffte es! Ziele sind bis heute auf dem Weg zum Spitzenerfolg das wichtigste für mich, denn ***Ziele sind wie Magneten: Sie ziehen den Erfolg an!***

Wer keine Ziele hat, der gleicht dem besagten Blatt im Wind, der agiert nicht, sondern reagiert nur noch auf die Umstände des Lebens. Ziele haben die Fähigkeit, die Kräfte unseres Unterbewußtseins zu entfesseln. Unser Unterbewußtsein ... das sind unsere Gefühle, unsere gespeicherten Programme, unsere Glaubenssätze. Dieses Unterbewußtsein leitet uns an und verwirklicht das, was wir glauben. Das funktioniert im Positiven, doch leider genauso im Negativen. Wer jedoch aufbauende, schöpferische Ziele hat, der gibt seinem Unterbewußtsein auf diese Weise die Richtung vor. Das Unterbewußtsein wird all Deine Fähigkeiten und Ressourcen aktivieren, die in Dir schlummern, um das von Dir gesteckte Ziel zu erreichen. Die beste Art der Persönlichkeitsentwicklung, die ich kenne, ist deshalb die, sich Ziele zu stecken. Stecke

Dir Ziele, und ***»zu-fällig«*** wirst Du die richtigen Menschen anziehen, werden Dinge passieren, die Dich schließlich Deinem Ziel näherbringen. Ich habe das vor vielen Jahren auch nicht so ganz verstanden, doch heute kenne ich die diesbezüglichen Grundlagen und Zusammenhänge und kann Dich nur immer wieder eindringlich darauf hinweisen, diesen Erfolgsgesetzen zu vertrauen und sie demnach auch anzuwenden.

> Alles, was heute groß ist, war früher einmal klein!
>
> JÜRGEN HÖLLER

Leider haben die meisten Menschen keine Ziele mehr. Als einmal mein Buch *Alles ist möglich* in einer Talkshow vorgestellt wurde, hatte man in der Innenstadt, an dem sich der Standort des Fernsehsenders befand, eine Umfrage unter Passanten durchgeführt. Die Frage lautete: »Was haben Sie im nächsten Jahr für ein Ziel?« (Mein Talkshow-Auftritt war seinerzeit im Dezember, also kurz vor dem Jahresende.) Die Antworten waren erschütternd. So zuckten viele Passanten mit den Achseln, andere erröteten, wieder andere stammelten herum oder gaben vage Antworten wie: »Erfolgreicher will ich sein ...« oder: »Glücklicher will ich sein ...« oder: »Gesünder will ich sein ...« Doch solche Antworten haben nichts mit Zielen zu tun. Ziele müssen ...

- klar ***und*** eindeutig formuliert sein!
- meß- ***und*** quantifizierbar sein!
- mit einem ***Termin*** versehen sein!

AUFGABE 26:

Schreibe Dir einmal zu den fünf Säulen Deines Lebens Deine Haupt-Ziele auf:

Beruflich:

____

____

Finanziell:

____

____

Gesundheitlich:

____

____

Familiär:

____

____

Soziale Kontakte, Hobby, Abenteuer:

____

____

Wer nicht weiß, wohin er will,
darf sich nicht wundern,
wenn er ganz woanders ankommt.

Das erkannte schon der große amerikanische Schriftsteller Mark Twain.

In den Vereinigten Staaten hat man bei einer Studie festgestellt, daß nur 5 Prozent aller Menschen ein klares Ziel für ihr Leben besitzen. Diese 5 Prozent verfügen gleichzeitig über einen Anteil am Volkseinkommen in Höhe von fast 70 Prozent. Nur 1 Prozent aller Amerikaner haben ihre Ziele auch einmal schriftlich notiert, doch verfügt diese geringe Prozentzahl über einen Anteil am Volkseinkommen in Höhe von circa 60 Prozent! Erkennst Du jetzt, wie wichtig es ist, klare, meßbare und terminierte Ziele zu haben? ***Alle erfolgreichen Menschen, die ich kenne, besitzen klare und eindeutige Ziele.***

Andrew Carnegie, der legendäre Stahlmagnat aus den USA und erste Dollarmilliardär in der Geschichte der Menschheit, gab Anfang des 20. Jahrhunderts einem Journalisten den Auftrag, die fünfhundert erfolgreichsten Amerikaner ihrer Zeit zu interviewen. Seine Intention war es herauszufinden, ob die erfolgreichen Menschen gemeinsame Erfolgsstrategien besitzen und, wenn ja, diese der Allgemeinheit zugänglich zu machen. Es sollte eines seiner Vermächtnisse für die Menschheit sein, denn Andrew Carnegie rief darüber hinaus die *Carnegie-Stiftung* ins Leben, die für Friedenssicherung und Völkerverständigung durch Kriegsursachen- und

Kriegsverhütungsforschung eintritt sowie für die Förderung des Völkerrechts und der politischen Bildung Mittel bereitstellt. Überhaupt ließ der Großindustrielle schottischer Herkunft einen beachtlichen Teil seines Vermögens der Allgemeinheit zukommen. So gab er auch den Bau der *Carnegie Hall* in Auftrag, jene berühmte Konzerthalle in New York.

Den Auftrag für das »Projekt Erfolgsstrategien« wiederum erhielt seinerzeit ein junger Journalist namens Napoleon Hill. Er benötigte zwanzig Jahre, um diesen Auftrag durchzuführen. Hill interviewte alle fünfhundert erfolgreichsten Amerikaner seiner Zeit, analysierte die Interviews und erstellte schließlich eine Gesamtstudie. Später wurden die Ergebnisse von ihm in Buchform veröffentlicht mit dem Titel *Denke nach und werde reich*, von dem weltweit rund dreißig Millionen Exemplare verkauft wurden und das somit zu einem der erfolgreichsten Bücher der Geschichte wurde.

Bemerkung am Rande: Seit Jahren ist das Buch auch Bestandteil meiner »Erfolgsbibliothek«, und Du kannst dieses wirklich lesenswerte Werk über mein Büro bestellen. Die Bestellnummer ist die 110008, und es kostet 39,80 DM (am einfachsten im Internet: www.juergen hoeller@com).

Napoleon Hill faßte die Ergebnisse seiner Interviews in dreizehn Erfolgsstrategien zusammen. Ganz vorne lagen dabei folgende zwei Strategien:

- Ein Ziel haben!
- An das Ziel glauben!

Hast Du klare Ziele, und, wenn ja, glaubst Du auch daran, sie erreichen zu können? Ich sage meinen Seminarteilnehmern immer wieder: Ein Mensch erreicht alles, an das er glauben kann. ***»Greife zunächst nach den Wolken, dann nach dem Himmel, dann nach dem Mond und schließlich … nach Deinem Stern!«*** So ähnlich hat es einmal der amerikanische Erfolgstrainer Glenn W. Turner gesagt, als er sich über die Motivation bei Zielsetzungen ausließ.

Setze Deine Ziele ruhig groß! Es gibt nämlich keine zu großen Ziele, ***sondern nur zu knappe Fristen.*** Natürlich mußt Du großen Zielen auch ausreichend Zeit geben, damit sie wachsen können. Du kannst nicht einen Tulpenkeimling pflanzen und dann nach zwei Wochen ein blühendes buntes Blumenbeet erwarten. Alles, was wachsen soll, benötigt seine Zeit. Teile deshalb Dein Ziel in einzelne Etappen, so daß es nicht mehr so unerreichbar groß erscheint, und konzentriere Dich darauf, an jedem einzelnen Deiner Etappenziele so schnell wie möglich anzukommen.

Wer sein Ziel nicht kennt, verirrt sich!

ABRAHAM LINCOLN

Schlußwort

Dieses Buch habe ich ganz bewußt so konzipiert, um es als Taschenbuchversion zu veröffentlichen. Mein Ziel war es, *Jenseits der Grenzen* zu einem relativ niedrigen Preis anzubieten, um recht vielen Menschen die Möglichkeit zu verschaffen, sich einmal mit dem Thema »Erfolgssystematik« zu beschäftigen.
Jenseits der Grenzen ist ein Buch, für das keine große Werbung betrieben wird. Schön wäre es deshalb, wenn es von möglichst vielen begeisterten Anhängern der Erfolgssystematik an für sie wertvolle Menschen verschenkt wird, an Menschen, denen sie ein Weiterkommen, sei es nun beruflich, sei es privat, von Herzen wünschen, also etwa an ...

- verdiente Mitarbeiter zur Belohnung.
- Mitarbeiter, die vielleicht einen Ansporn benötigen.
- Partner, um sie an das Thema heranzuführen.
- Eltern, um auch ihnen die Gelegenheit zu geben, ihr Leben aktiv zu gestalten.
- wertvolle Freunde, denen man einfach etwas Gutes tun möchte.
- Arbeitskollegen, die einem am Herzen liegen.
- unsere Kinder, die wir oft unterschätzen und die manchmal nur einen kleinen »Schubs« benötigen, um durchzustarten.

- Menschen als kleines Dankeschön, weil sie uns beispielsweise einen Gefallen getan haben.

Dieses Büchlein ist durch meine persönliche Geschichte auf der einen Seite unterhaltend und weist auf der anderen Seite durch die vorgestellten Grunderfolgsstrategien eine anspornende Komponente auf, ist jedenfalls auch anregend. So gerät der Leser nicht nur ins Nachdenken, sondern kommt zugleich ins Handeln! Auf diese Weise stellt es ein ideales Geschenk dar ... und ich würde mich sehr freuen und wäre Dir sehr dankbar, wenn Du mich bei meiner großen Aufgabe unterstützt, die ich mir vor vielen Jahren gestellt habe ...

Möglichst vielen Menschen dabei zu helfen,
ihr wahres Potential zu entdecken
und dadurch erfolgreicher und glücklicher zu werden!

Ich wünsche Dir auf Deinem Erfolgsweg alles Gute – und ich fände es schön, wenn Du mir einmal einen Brief schriebest und mir darüber berichtetest, was sich in Deinem Leben getan hat. Jedenfalls bin dankbar für jede mitgeteilte Erfahrung und für jede Anregung. Und vielleicht lernen wir uns ja einmal bei einem Seminar persönlich kennen?! Ich würde mich freuen!

Yahooo!

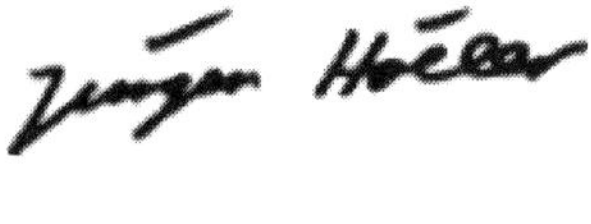

Wie geht es mit Jürgen Höller weiter?

Die *Inline GmbH,* das Unternehmen also, das von Jürgen Höller 1990 gegründet worden ist, will an die Börse gehen. Auf diese Weise soll möglichst vielen Menschen die Möglichkeit geboten werden, sich direkt an *Inline* zu beteiligen und im Wachstumssegment Nummer 1 des angehenden 3. Jahrtausends als Mitinhaber eines führenden Unternehmens dieses Segments vertreten zu sein.

Jürgen Höller macht dabei seine verdientesten Mitarbeiter zu Mitaktionären, da es sein Ziel ist, sie hiermit im Laufe der Jahre zu Millionären zu machen – ganz nach dem Vorbild von Bill Gates und seines Unternehmens *Microsoft.*

Inline hat das große Ziel, im Jahr 2015 der erste Konzern im Bereich »Seminar-Weiterbildung« zu sein, der per anno über eine Milliarde Euro Umsatz erzielen wird. Damit dieses große Ziel erreicht wird, ist der angekündigte Börsengang notwendig, um mit frischem Kapital vor allem auch die Expansion im Ausland voranzutreiben.

Hauptprodukt ist dabei das Abonnement für die *Inline-Akademie* – ein wirklich innovatives Produkt, das Jürgen Höllers großes Anliegen verwirklicht, möglichst vielen Menschen sein Wissen zu vermitteln und ihnen dadurch zu verhelfen, erfolgreicher und glücklicher zu werden.

Für einen geringen monatlichen Beitrag ab 99,– Mark kann ***jeder*** mehrere Seminare oder Kongresse pro Jahr besuchen und auf diese Weise seinen Erfolg ausbauen. Weiterbildung wird durch das Abonnement für die *Inline-Akademie* so preisgünstig wie die Mitgliedschaft in einem Fitness-Club oder wie die tägliche Tasse Kaffee im Restaurant oder wie das tägliche Glas Bier im Lokal, sogar noch bedeutend preiswerter als die Schachtel Zigaretten, die ein Raucher täglich konsumiert (und ist außerdem nicht schädlich). Dabei wird die *Inline-Akademie* die besten Trainer der Welt engagieren und somit den Mitgliedern anbieten.

Sobald *Inline* an die Börse geht, werden dabei die Abonnenten beim Verkauf der Aktien bevorzugt behandelt.

Jürgen Höller selbst peilt in den nächsten fünfzehn Jahren eine Steigerung des Aktienkurses von jährlich etwa 50 Prozent an! Und hat Jürgen Höller nicht schon bewiesen, daß er es versteht, seine Visionen in die Tat umzusetzen?

Jürgen Höller und seine Mitarbeiter bauen dabei *Inline* zu einem Spezialisten im Bereich der Weiterbildung aus. Die einzelnen Geschäftsfelder reichen dabei von Kongressen (»Motivationstag« etc.), Jürgen-Höller-Seminaren, »Special-Seminaren« mit den weltbesten Referenten über den Vertrieb von Weiterbildungsmedien (Bücher, Audio-Cassetten, Video-Cassetten), den Aufbau von Lizenznehmern für Jürgen-Höller-Seminare (auch Vergabe von Master-Lizenzen für das Ausland) bis zu diversen Internet-Projekten, die eine weitere Revolution im Weiterbildungsmarkt auslösen werden!

Die größte Herausforderung auf dem Weg zur Erfüllung dieser einzigartigen Ziele liegt dabei im Bereich der Mitarbeiter ... nämlich engagierte, motivierte und fachlich hochkarätige Mitarbeiter für die einzelnen Abteilungen zu finden und zu integrieren. Überprüfe im Jahr 2015, ob Jürgen Höller mit seinem Team das selbstgesteckte große Ziel auch erreicht hat! Wie lautet doch noch mal Jürgen Höllers Lebensmotto?

Alles ist möglich!!!

Jürgen Höllers Steckbrief

Dialekt:	Hochdeutsch mit einem Schuß Fränkisch.
Stärke:	Begeisterungs- und Motivationsfähigkeit.
Schwäche:	Hund Gino.
Größte Schwäche:	Ehefrau Kerstin.
Größte Liebe:	Sohn Alexander.
Fehler:	Zu Hause der absolute Faulpelz.
Fan von:	Trainer Christoph Daum, Bayer 04 Leverkusen und 400-Meter-Weltmeisterin Grit Breuer.
Freut sich über:	Die vielen positiven Menschen, mit denen er zusammen sein darf.
Vorbild:	Arnold Schwarzenegger.
Grundlagen:	Nikolaus B. Enkelmann, NLP, Anthony Robbins, EKS.
Seminarteilnehmer:	150.000 pro Jahr.
Mag gerne:	Gutes Essen und fröhliche Feiern.

Vorliebe für:	Fröhliche und positive Menschen.
Mag nicht:	Miesmacher.
Ist stolz:	Auf die eigene Entfaltung und Entwicklung.
Sieht seine Aufgabe darin:	Möglichst viele Menschen erfolgreich und glücklich zu machen.
Wunsch:	Das Elend der Kinder dieser Welt zu beenden.
Musik:	Vielseitig, von Rock bis Klassik.
Größtes Problem:	Fühlt sich für zu vieles verantwortlich, hatte deshalb immer wieder Rückenprobleme.
Hobbys:	Liebt sein rotes »Spielzeugauto«, fährt gerne in Urlaub und treibt viel Sport.
Eigene Fortbildung:	Etwa 700 Bücher, ca. 100 Audio-Cassetten, rund 120 Seminare in 14 Jahren.
Verschenkt gerne:	Die eigenen Bücher und Cassetten.
Läßt sich gerne schenken:	Einen guten Tropfen Wein oder eine edle Havanna-Zigarre.

Meine Diamanten

Meine Handlungen

	Was tue ich?	Beginn	Ende	o.k.
1				
2				
3				

Literaturnachweis

Carnegie, Dale, *Sorge dich nicht, lebe,* München ^{61}1992

Carnegie, Dale, *Wie man Freunde gewinnt,* München 1992

Enkelmann, Nikolaus B., *Die Macht der Motivation,* Landsberg 1995

Enkelmann, Nikolaus B., *Mit Freude erfolgreich sein,* Landsberg ^{4}1990

Gloger, Axel, *Millionäre,* Frankfurt am Main 1997

Hill, Napoleon, *Denke nach und werde reich,* München 1995

Höller, Jürgen, *Alles ist möglich,* Düsseldorf 1995

Höller, Jürgen, *Sicher zum Spitzenerfolg,* Düsseldorf 1994

Höller, Jürgen, *Sprenge Deine Grenzen,* Düsseldorf 1998

Horrmann, Heinz, *Amerikanische Traumkarrieren,* Frankfurt am Main 1994

Hull, Raymond, *Alles ist erreichbar,* Reinbek 1994

Lassen, Artur, *Heute ist dein bester Tag,* ^{6}1993

Murphy, Joseph, *Die Macht Ihres Unterbewußtseins,* München 1994

Peale, Norman Vincent, *Die Kraft des positiven Denkens,* München 1994

Robbins, Anthony, *Das Power-Prinzip,* München 1994

Schäfer, Bodo, *Weg zur finanziellen Freiheit,* Frankfurt am Main 1999

Schuller, Robert, *Erfolg kennt keine Grenzen,* 1993

Stielau-Pallas, Alfred. R., *Lieber reich und gesund,* Panaui-Beach, Neuseeland, 1996

Tracy, Brian, *Das Gewinnerprinzip,* Wiesbaden 1997

Williams, A. J., *Das Prinzip Gewinnen,* Landsberg 1996

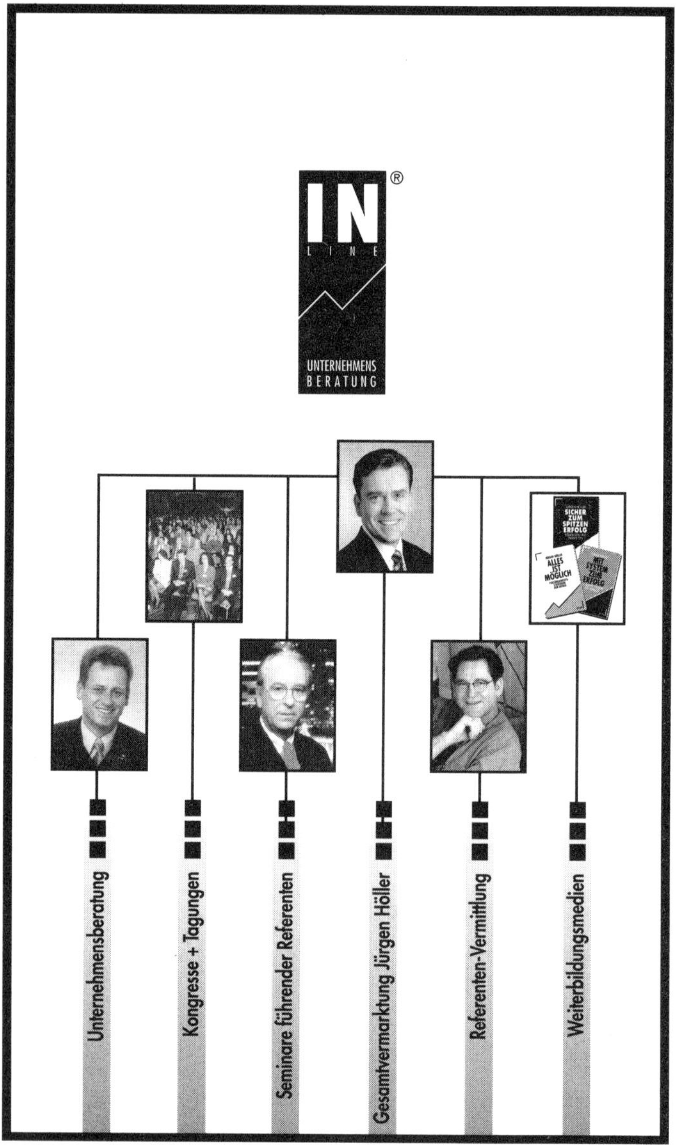
IN LINE
UNTERNEHMENS BERATUNG
Unternehmensberatung
Kongresse + Tagungen
Seminare führender Referenten
Gesamtvermarktung Jürgen Höller
Referenten-Vermittlung
Weiterbildungsmedien